KB088341

The
Attachment
Theory
workbook

The Attachment Theory workbook

애착 워크북

안정적이고 지속적인 관계의 열쇠

애니 천 지음

Annie Chen

최다인 옮김

글항아리

놀라움으로 가득한 발견을 향한 수많은 여정에

지혜와 기쁨으로 영감을 준

나의 벗 애니 밀러에게 이 책을 바칩니다.

일러두기

*   이 책에 소개된 상담 사례의 주요 내용과 내담자의 개인
    정보는 모두 각색되었으며, 원서에 쓰인 내담자의 가명은
    저자의 허락하에 비슷한 조건의 우리말 이름으로 교체했
    음을 밝힙니다.
** 원서에서 이탤릭체로 강조된 곳은 밑줄로 표시했습니다.
*** 〔 〕는 옮긴이의 부연입니다.

차례

머리말

가장 가까운 이들과의 관계에서 당신이 바라는 것은 무엇인가요? 그 바람은 채워지고 있나요? 이런 질문에 선뜻 명확한 답을 내놓기란 누구에게나 대체로 어려운 일일 겁니다. 애착이론이라 불리는 심리학 분야에 토대를 둔 이 워크북의 목표는 여러분이 위의 질문에 답하고, 가장 소중한 사람들과 오래도록 안정적인 관계를 쌓을 수 있도록 돕는 것입니다.

파트너 관계 문제를 전문적으로 다루는 상담사로서 저는 애착이론 개념이 실제 삶에 적용되는 모습을 여러 번 목격했고, 이 책에서 소개할 도구에 사람들을 치유하고 관계를 회복시키는 힘이 있다는 사실도 경험을 통해 깨닫게 되었습니다. 하지만 이 책은 파트너 관계만을 위한 것이 아닙니다. 부모가 됐든 형제자매나 친한 친구가 됐든, 이 책의 과제와 질문을 활용함으로써 여러분은 소중한 사람과의 관계를 더 깊이 이해할 수 있습니다. 여기서 알려드릴 연습 과제와 요령은 모두 경험과 근거에 입각한 것입니다. 수많은 사람을 대상으로 이미 효과가 입증되었다는 뜻이죠. (혼자서든, 사랑하는 이와 함께든) 독자들이 이 책을 끝마치고 나서 자기 자신과 주변 사람들을 더 깊이 이해하게 되는 것이 제 바람입니다. 여기서 배운 새로운 기술을 활용하고 사랑하는 이들과 그 기술을 공유한다면, 더 건강하고 돈독하며 안정적인 관계로 나아갈 수 있습니다. 그리고 그런 관계를 누리는 삶이야말로 우리 모두가 마음 깊이 바라는 것이죠.

1장. 나의 애착 유형은?

인간관계에서 무엇을 바라나요?

당신이 어른이 된 지금까지 살면서 맺어온 중요한 인간관계는 아마 수십 가지가 넘을 겁니다. 로맨틱한 관계만을 얘기하는 게 아닙니다. 부모, 형제자매, 친구, 멘토 등과의 관계도 여기 포함되죠. 이런 중요한 정서적 애착관계 가운데 진정으로 만족스럽고 든든하며 오랫동안 지속될거라 생각되는 관계는 몇이나 되나요? 여러분이 원하는 만큼 많지는 않을 가능성이 큽니다. 그런데 안정적이고 지속적인 친밀감이 보장되는 인간관계를 가꾸어갈 방법이 있다고 한다면 어떨까요? 관계에서 안정감이 보장되어 있다고 느낀다면, 당신이 세상을 경험하고 친밀한 관계를 맺는 방식도 달라질까요? 실제로 타인과의 관계에서 오는 안정감에 대한 개인적 인식—심리학자들은 이를 <u>애착 유형</u>attachment <u>style</u>이라고 부릅니다—은 그 관계가 잘 유지될지 여부에 결정적 영향을 미친다고 합니다. 애착이론 분야에서 밝혀진 핵심 통찰에 기초한 이 워크북은 여러분이 자기 자신과 소중한 사람들의 애착 유형을 파악해 인생에서 가장 중요한 이들과 건강한 방식으로 소통하도록 돕기 위해 쓰였습니다.

지난 10년 동안 저는 상담실에서 수백 쌍의 커플을 만났고, 거의 모든 사례에서 어떤 식으로든 애착 문제를 발견했습니다. 이 커플들이 마주하게 된 문제에는 제가 대학원에서 배운 지식이 고스란히 적용되었죠. 『애착이론 워크북』에서 제시하는 도구와 조언은 이 모든 경험의 집대성이라 할 수 있습니다. 이 책의 연습 과제는 여러분이 관계에서 몸소 경험한 바를 통해 깨달음을 얻고, 가장 만족스러운 관계에서 느낄 수 있는 종류의 안정감을 가질 수 있도록 이끌어줄 길잡이입니다.

평범한 사람이라면 누구든 중요한 인간관계를 되돌아볼 때 훈훈한 기억과 함께 후회되는 일도 떠오르기 마련입니다. 내가 잘못했던 일도, 타인이 나를 서운하게 했던 일도 있겠죠. 과거를 바꿀 순 없는 법이지만, 다행히도 좋지 못한 결과를 낳았던 과거의 패턴을 바꿀 수는 있습니다. 완벽한 부모 아래서 자랐어야만, 흠잡을 데 없는 인간관계 실적이 있어야만 안정적이고 지속적인 유대를 맺을 수 있는 건 아닙니다. 안정감과 친밀감으로 향하는 길에 걸음을 내딛기 위한 단 하나의 필요조건은 내 행동을 정직한 시선으로 바라보고, 나 스스로 변화할 수 있음을 기꺼이 믿는 마음가짐 뿐이니까요. 관계 개선 노력이 긍정적인 결과를 이끌어낸다는 근거는 상당히 많습니다. 연구 결과에 따르면 친밀하고 의미 있는 관계를 맺으면 건강이 좋아지고, 회복탄력성이 향상되며, 삶의 전반적 행복 지수도 높아지는 경향이 있다고 하죠. 이 책에서 시도해볼 일들이 더 건강하고 안정적인 미래를 가져다줄 투자라고 생각해보세요.

친밀한 관계에서의 폭력과 관련한 주의사항

이 워크북은 인간관계에 관한 통찰을 얻고자 하는 사람이라면 누구에게든 도움이 되지만, 어떤 관계라도 폭력이 얽혀 있다면 이 책을 유일한 해결책으로 삼는 것은 권장하지 않습니다. 애착 문제로 인해 폭력적 상황이 발생하는 예도 있긴 하지만, 대개는 전문가의 개입을 요하는 더 심각한 문제이기 때문입니다. 그러니 이런 사례라면 꼭 전문 상담사나 변호사와 상의하길 바랍니다. 지금 폭력적 관계로 고통받고 있다면 도움을 요청해야 합니다. 그 첫걸음은 전미 가정폭력

핫라인 1-800-799-7233에 전화를 거는 것입니다[우리 독자들은 다음 기관에서 도움을 받을 수 있습니다. 여성가족부 여성긴급전화 1366, 한국여성의전화 02-2263-6464/6465].

나에게 중요한 사람은?

내 인생에서 중요한 관계가 어떤 모습인지 알아내는 것부터 시작해보도록 하죠. 이 책을 통해 더 나아지게 만들고 싶은, 다시 말해 단단히 다져가고 싶은 관계가 어떤 관계인지 알아봅시다.

다음 표의 빈칸을 채워보세요.

1. 인생에서 가장 중요한 다섯 명의 이름을 적습니다.
2. 그 관계가 얼마나 중요한지 1부터 10까지 점수를 매깁니다. (10 = 가장 중요함)
3. 그 관계가 얼마나 스트레스를 주는지 1부터 10까지 점수를 매깁니다. (10 = 가장 심한 스트레스)
4. 마지막으로 가장 개선하고 싶은 관계를 1위로 해서 각 항목의 순위를 정해봅시다.

이름	나와의 관계는? 그 사람이 내게 가치 있는 사람인 이유는?	중요도 (1~10)	스트레스 강도 (1~10)	개선 우선순위 (1~5)

관계 가치

이 사람들을 염두에 둔 채 내가 인간관계에서 진정으로 원하는 게 뭔지를 곰곰이 생각해봅시다. 사람은 세상을 떠나면 생전에 중요한 사람들을 어떻게 대했는가에 따라 다른 식으로 기억되기 마련입니다. 가깝게 지낸 사람들이 나를 둘러싸고 내가 관계에서 보여주었던 긍정적 자질을 되새기는 모습을 그려보세요. 그들이 뭐라고 말하기를 바라나요? 그런 긍정적 '관계 가치', 이를테면 '정직함' '유머' '든든함' 등을 아래 빈칸에 적어봅시다. 그다음 지금 내가 그런 자질을 얼마나 보여주고 있는지를 1에서 5까지 점수로 매겨보세요. (1 = 매우 부족함, 5 = 매우 만족스러움)

소중한 인간관계에서 내가 가꾸어가고 싶은 다섯 가지 긍정적 자질과 가치

1. _____ 1 2 3 4 5

2. _____ 1 2 3 4 5

3. _____ 1 2 3 4 5

4. _____ 1 2 3 4 5

5. _____ 1 2 3 4 5

　　여러분의 인간관계를 면밀히 들여다보기 전에 사람들이 친밀한 관계에서 갖는 유대 또는 애착 유형이 정확히 어떤 의미인지를 먼저 살펴보려 합니다. 애착 유형에 관해 이미 들어본 분들, 스스로 어느 유형에 속하는지 알아보려고 혼자 질문지에 답해본 분들도 있을 거예요. 애작 유형은 심리학 연구에 기반을 두고 있습니다. 한번 간단히 훑어보기로 하죠.

애착이론이란?

20세기 중반 연구자 존 볼비와 메리 에인스워스는 애착이론의 핵심이 되는 개념을 정립합니다. 이들이 처음 내세운 이론은 영유아가 사회적·감정적으로 잘 발달하려면 아기가 보내는 신호를 적절히 읽어내서 제때 따스하고 세심한 방식으로 반응하는 주 양육자와 친밀한 관계를 형성해야 한다는 것이었습니다. 볼비와 에인스워스가 막 이론을 정립해가던 시대에 주 양육자는 대체로 어머니를 가리켰죠. 애착 관계를 잘 맺은 아이는 세상에 나가서도 타인이 안전감을 주고, 돌봄과 도움을 제공해준다고 믿는 사람으로 자랍니다. 이러한 기본 전제는 60년 이상 여러 애착 연구로 뒷받침되었고, 신경과학·정신의학·외상학·소아의학 분야 전문가들의 지지를 받았습니다.

　일상적 스트레스 상황에서 아기가 반응하는 방식을 관찰한 애착 연구를 통해 주 양육자와 맺는 관계의 양상을 유형화할 수 있다는 사실도 밝혀졌습니다. 이런 반응 방식은 뚜렷이 구분되는 세 가지 유형―즉 안정형, 불안정-불안형, 불안정-회피형으로 분류되었죠.

　초기 연구자들은 안정형 애착을 형성한 아기는 스트레스를 받을 때 자신이 느끼는 불편함을 눈에 보이는 방식으로 드러내면서도 과도한 반응을 보이진 않는다는 점에 주목했습니다. 이런 아기는 비교적 느긋한 태도로 도움을 구하는 듯 보였고, 양육자와 상호작용해서 차분함을 되찾고 마침내 스트레스 상황을 수월하게 넘길 때가 많았습니다

불안정-불안형 애착을 형성한 아기는 같은 스트레스 상황에 훨씬 더 격렬하게 울거나 불편해하는 반응을 보일 때가 많았습니다. 이들은 양육자를 애타게 찾으면서도, 양육자가 달래주려 하면 이를 거부하는 듯 보였죠. 연구자들의 관찰에 따르면 이런 불안형 아기는 상호작용을 더 힘들어했고, 그 결과 완전히 진정하는 데 애를 먹었습니다.

한편 불안정-회피형 애착인 아기는 스트레스를 주는 상황에서도 덜 우는 경향을 보였고, 양육자에게 도움을 구하는 데도 무관심한 것 같았습니다. 이 아기들은 잘 모르고 볼 땐 괜찮아 보였지만, 이후 연구에서 신체적으로 스트레스 호르몬 농도가 올라가 있는 게 확인되어 그렇지 않다는 사실이 밝혀졌죠. 사실 스트레스에 영향을 받았지만 드러내지 않았을 뿐이라는 뜻입니다.

당연하게도 이들은 자라서 어릴 때와 비슷하게 안정형, 불안정-불안형, 불안정-회피형 애착을 보이는 성인이 되며, 이런 유형은 인간관계에서 역시 쉽게 드러납니다. 물

론 성인이 된 뒤의 인간관계는 한층 더 복잡하지만, 핵심은 주로 다음과 같습니다. 누군가와 가까워져서 그 사람에게 의지하게 된 뒤 스트레스 상황에 놓이면, 우리 자신의 진짜 애착 유형이 드러난다는 것.

애착 유형을 전반적으로 정확히 평가하는 과정은 사실 훨씬 더 복잡하지만, 여러분의 가장 친밀한 인간관계를 되짚어보면 대강의 윤곽을 잡을 수 있습니다. 로맨틱한 파트너나 오랜 친구와 맺은 친밀한 관계를 떠올려보세요. 이런 인간관계에서 다양한 스트레스를 주는 요인이 있었을 겁니다. 스트레스가 있을 때 관계를 맺은 상대방에게 어지간하면 도움과 위안을 받을 수 있으리라 기대했다면, 당신은 안정형 애착에 속합니다. 하지만 같은 스트레스 상황에서 안전감과 도움을 얻을 것이란 자연스러운 기대가 없다고 가정해보죠. 파트너가 나에게 도움을 줄지 확신이 서지 않고, 나에게 필요한 방식으로 내 곁을 지켜주리라는 생각이 들지 않을지도 모릅니다. 불안형이든 회피형이든 불안정 애착을 형성한 사람은 타인에게 버려지거나 압박받는 상황을 두려워할 확률이 높습니다. 그 결과 스트레스를 낮추는 방식으로 상호작용하기가 어려워지죠. 개인의 특징적 애착 유형은 친밀한 관계 전반에서 뚜렷이 나타나기 마련인데,

안정형 애착인 사람은 대체로 주변 사람들이 자신을 든든히 받쳐준다고 느낍니다. 반면 불안정 애착인 사람의 인간관계 역사를 돌아보면 일련의 불만족스러운 관계와 후회스러운 행동으로 점철되어 있을 때가 많죠.

안정, 불안, 회피 유형의 설명을 읽고 나면 이런 생각이 들 거예요. '난 안정형이 좋아!' 어쩌면 그렇게 느끼는 것도 당연합니다. 안정형인 사람은 친밀한 이들과의 관계에서 감정적 안정감을 느끼고, 협력도 잘하고, 갈등을 겪은 뒤의 회복력도 강하니까요. 하지만 안정형이라도 특정 상황에서는 그리 바람직하지 못한 방식으로 대응할 때가 있습니다.

지금까지 어떤 성향이나 애착 유형을 형성해왔든, 여러분이 그런 행동 패턴에 갇혀 있는 것은 아닙니다. 과거가 꼭 미래를 지배하란 법은 없다는 뜻이죠. 지금부터라도 더 탄탄한 인간관계를 쌓을 수 있어요. 그러기 위해 이 워크북은 다음과 같은 도움을 제공합니다.

- 나와 내가 사랑하는 이들이 어떤 애착 패턴을 보이는지, 특히 스트레스가 심한 상황이나 난관을 마주했을 때 어떻게 행동하는지 알아낸다.
- 갈등의 악화를 막고 안정감과 소통을 회복하기 위한

새로운 도구와 습관 배운다.

- 도움이 되지 않는 오래된 행동 패턴을 깨고 내가 원하는 지속적 소통을 가능케 하는 방식으로 행동하는 법 익힌다.

이런 기술은 배워둘 가치가 있습니다. 소중한 이들의 좋은 면을 한껏 누리면서, 그들과 더욱 친밀하고 지속적인 유대감을 키워갈 수 있으니까요. 더불어 스트레스나 어려움을 겪을 때 언제든지 활용할 수 있는 내적 자원도 갖출 수 있습니다.

애착이론은 어디에 유용할까?

인간관계 전문 상담사로서 저는 늘 내담자의 애착 유형을 꼼꼼히 살핍니다. 애착이론을 활용하면 특정 관계에 걸림돌이 되는 행동을 가려낼 수 있을 뿐 아니라, 과거부터 현재까지 관계 전반에서 그런 행동이 나타나는 방식과 원인의 패턴을 파악하는 데 큰 도움이 되기 때문이지요.

어릴 적 형성된 애착 유형이 언제나 모든 관계에 주요한 영향을 미칠까요? 물론 아닙니다! 영유아기의 경험이 가장 큰 영향을 미치는 관계는 우리와 매우 가까운 사이, 다시 말해 우리가 감정적 지지를 받고자할 때 의지하게 되는 장기적 관계입니다. 내 삶에서 양육자, 지지자, 팬클럽 회장을 겸하던 어린 시절 부모님과 가장 가까운 역할을 현재 수행 중인 사람이 나의 애착 유형에 가장 큰 영향을 받는다는 뜻이죠. 로맨틱한 파트너 관계는 대개 이 범주에 들어가므로 어린 시절 형성된 습관적 패턴이 반복되는 주요 무대가 됩니다. 하지만 친한 친구나 가족, 상사 또는 다른 권위 있는 인물, 동료나 동업자 같은 타인과의 관계에서 애착 패턴이 나타나는 일도 적지 않습니다.

애착 유형은 근본적으로 안전과 신뢰에 대한 기본 전제를 보여주는 청사진과 같습니다. 간단하게 들릴지 몰라도 애착 유형이 영향을 미치는 범위는 생각보다 더 넓죠. 성공적으로 타인과 협력하고, 지지를 주고받고, 갈등을 다루는 능력은 안전과 신뢰에 달려 있습니다. 그렇기에 애착이론은 개인이 관계의 토대에 어떤 식으로 이바지하는지를 이해하는 데 도움이 되는 일목요연한 도식이 되어줍니다.

나의 애착 유형 찾기

애착 유형을 알아보는 질문을 시작하기 전에, 먼저 이 테스트는 나와 내 인간관계를 탐색할 수 있도록 돕는 도구일 뿐이라는 점을 강조해두고자 합니다. 여기 답한다고 어떤 종류의 공식적 진단이 내려지는 것도, 나와 타인에 관한 명확한 사실이 밝혀지는 것도 아닙니다. 현실 속 인간은 단 한 번의 평가로는 절대 담아내지 못할 만큼 복잡한 존재이기 때문이죠. 이 테스트는 애착이론에 관한 제 지식, 심리학 연구, 가장 많은 것을 보여주는 친밀한 관계에 있는 사람들을 다년간 관찰한 제 임상 경험에 기초해 만든 것이지만, 그럼에도 불구하고 이 점을 잊지 마시길 바랍니다.

두 파트로 구성된 이 테스트로 내가 애착 유형 스펙트럼에서 어디쯤 위치하는지 파악할 수 있습니다. 두 가지 테스트는 각각 애착의 서로 다른 측면을 평가하며, 나의 입체적 모습을 보여주는 유용한 결과를 얻으려면 양쪽을 모두 살펴보아야 합니다. 파트 1과 2의 질문에 모두 답해보세요. 전부 마치는 데는 10~15분 정도 걸립니다.

애착 유형 테스트

인생에서 특별히 중요한 사람 한 명, 그리고 그 사람과의 관계를 떠올리면서 시작해보죠. 현재 사귀고 있는 사람이어도 좋고, 최근 헤어진 사람이어도 괜찮습니다. 별다른 언급이 없는 한 이 테스트에서 <u>파트너</u>와 <u>관계</u>라는 말은 여러분이 지금 떠올린 그 관계를 가리킵니다.

PART 1 애착 안정성과 불안정성

여기서는 당신이 관계에 대해 어떤 식으로 느끼고 생각하는지를 알아봅니다. 먼저 감정에 초점을 맞춘 항목(불안정성 점수), 그다음엔 관계를 안정시키기 위해 하는 생각과 행동에 초점을 맞춘 항목(안정성 점수)을 살펴보게 됩니다.

배점 기준 아래 기준을 활용해서 각 항목에 점수를 매겨보세요.

0 거의 그렇지 않다 / 1 가끔 그렇다 / 2 매우 그렇다

1. 이 관계에서는 내 중심이 쉽게 흔들린다. _____
2. 이 관계에서 나 자신을 돌보지 않는 경향이 있다. _____
3. 나중에 무척 억울해할 만한 타협을 하기도 한다. _____
4. 파트너가 내게 뭔가를 해줄 때는 자발적이어야 하며, 내가 부탁해서 해주는 건 소용이 없다. _____

5. 파트너에게 뭔가를 요구해서 원하는 대로 돼도
   여전히 불만스러운 느낌이다. _____

6. 파트너가 나를 제대로 이해하지 못하는 것 같다. _____

7. 파트너가 약속을 지키지 못하면 배신감이 든다. _____

8. 좋은 의도에서 한 행동을 파트너가 껄끄럽게
   여기면 무척 속상하다. _____

9. 파트너와 내가 근본적으로 너무 다른 사람인 것
   같아서 걱정스럽다. _____

10. 도움을 청하기 전까지 혼자 한참 마음고생을 한다. _____

11. 부모님이 애정 어린 시선으로 나를 대견하게
    바라보는 모습은 상상이 잘 안 된다. _____

12. 관계에서 뭔가가 불공정하다고 느끼면
    분통이 터진다. _____

합계 위 숫자를 전부 더해서 구한 나의 불안정성 점수 _____

불안정성 점수 이해하기

이 항목들은 당신이 관계에서 상대방과의 차이, 복잡성, 애착 스트레스에 감정적으로 반응하는 방식을 알려줍니다. 불안정성 점수가 높을수록 친밀한 관계를 힘들어할 가능성이 크다는 뜻입니다.

14~24: 높음. 혼자서도 불안정해질 정도로 친밀한 관계에서 어려움을 겪는 상태입니다. 뭔가 스트레스를 주는 일이 생기면 당신은 금세 파트너가 자신을 적대시한다고 넘겨짚고, 대개는 그 가정이 현실로 이루어지게 하는 방식으로 반응해버립니다.

7~13: 보통. 당신은 친밀한 관계에서 이따금 스트레스를 느낍니다. 누군가에게 의존하면 할수록 상황이 더 혼란스럽고 힘겹게 느껴질 수 있죠. 가끔은 파트너가 적절한 확신을 줄 때조차 버려질까 두려움을 느끼거나, 관계에 갇혀버린 것처럼 갑갑함을 느끼기도 합니다.

0~6: 낮음. 당신은 혼자서도 편안하지만, 관계를 맺고 그 안에서 사랑과 지지를 얻을 때도 최선을 다합니다.

이제 감정적 불안정성 문제에서 시선을 돌려, 당신이 관계에서 안정성을 확보하기 위해 능동적으로 노력하는 방식을 살펴볼 차례입니다. 다음 항목들은 감정보다는 생각이나 행동과 깊이 관련되어 있습니다.

배점 기준 아래 기준을 활용해서 각 항목에 점수를 매겨보세요.

0 거의 그렇지 않다 / 1 가끔 그렇다 / 2 매우 그렇다

---

1. 관계에서 혼자 있을 때와 함께 있을 때의 균형을 쉽게 잡을 수 있다. ＿＿＿

2. 파트너가 얼마든지 성장하고 달라져도 괜찮으며, 그건 위협이 아니다. ＿＿＿

3. 파트너에게 전념하기로 약속하고 그 약속을 지키는 것은 그리 어렵지 않은 일이다. ＿＿＿

4. 파트너에게 내가 필요한 만큼 내게도 파트너가 필요하다. ＿＿＿

5. 관계가 잘 풀리지 않더라도 적절한 해결책을 찾을 때까지 참을성 있게 기다릴 수 있다. ＿＿＿

6. 양쪽 다 잘못이 없어도 갈등은 생겨날 수 있다. ＿＿＿

7. 나는 파트너에게 모든 것을 말한다. 혹시 뭔가를 언급하지 않았다고 해도, 그건 파트너가 전혀 신경 쓰지 않을 게 매우 확실하기 때문이다. ＿＿＿

8. 파트너와 내 의견이 갈릴 때면 양쪽에 모두 이로운 해결책을 찾으려고 노력한다. ＿＿＿

9. 파트너와 떨어져서 시간을 보낼 때도 함께 보낼 때만큼 편안하다. ＿＿＿

10. 내가 원하는 것을 파트너에게 직설적으로 요청할 수 있고, 그러면 대체로 좋은 결과를 얻는다. ＿＿＿

11. 파트너와 싸우면 내가 먼저 나서서 둘 다 기분이
    풀릴 방법을 찾으려 한다.   _____

12. 과거에 누군가와 헤어질 때 나는 신중한 고려와
    상호 합의를 거쳐 결정했다.   _____

    합계 위 숫자를 전부 더해서 구한 나의 안정성 점수 _____

안정성 점수 이해하기

이 점수를 살펴볼 때 중요하게 고려해야 할 점이 있습니다. 아직 자연스러운 방식으로 안정성을 확보한 상태가 아니라 해도 얼마든지 그 방법을 배울 수 있다는 사실이죠. 불안정성 점수가 높은 사람도 안정적이고 건전한 관계를 맺을 수 있습니다.

18~24: 높음. 당신에게 관계는 활력소입니다. 그건 두 사람이 서로를 잘 보살피는 관계를 맺을 수 있게 당신이 최선을 다하는 덕분이기도 합니다. 당신은 대체로 사람들이 좋지 못한 모습을 보일 때에도 올바르게 행동하려고 노력합니다. 스트레스가 심한 상황이 닥쳐도 쉽사리 무너지지 않죠. 안정성 점수가 높으면서 불안정성 점수가 낮다면 안정형 애착에 속하며, 이 유형에 관해서는 4장에서 자세히 다룹니다.

9~17: 보통. 당신은 관계를 중요시하며, 스스로 좋은 모습을 보이려고 최선을 다합니다. 까다로운 관계를 어떻게 다뤄야 하는지 어느 정도는 알지만, 스트레스가 심해지면 그런 지혜를 까맣게 잊기도 하죠. 스스로 더 잘할 수 있으며 살면서 다양한 관계를 위해 노력할 가치가 있음을 인식하고 있습니다.

0~8: 낮음. 당신은 지속적이고 안정적인 관계를 쌓는 데 어려움을 겪고 있습니다. 다행인 것은 배움과 연습을 통해 건강하고 더 만족스러운 관계를 다져갈 능력을 키울 수 있다는 점입니다.

PART 2 불안정성을 드러내는 방식

파트 2에서는 불안정성을 드러내는 방식이 불안형과 회피형 중 어느 쪽에 가까운지를 알아봅니다. 지금까지의 점수로 볼 때 안정형에 속한다고 할지라도 사람은 누구나 다양한 방식으로 스트레스에 반응하기 마련이므로 이 테스트는 모든 이에게 도움이 됩니다. 각 항목에는 두 가지 선택지가 있습니다. 조금이라도 나와 더 가깝다고 생각하는 쪽에 체크 표시를 해보세요. 관련 일화가 있는 항목에서는 앞서 파트 1에서 골랐던 관계를 계속 떠올리며 답하면 됩니다.

내가 더 참기 어려울 때는……

☐ 사람들이 나를 이해하지 못할 때

☐ 좋아하지 않는 일을 어쩔 수 없이 계속해야 할 때

**숭요해질 수도 있는 새로운 관계를 시작할 때
내가 식는 이유는……**

☐ 상대가 노력을 기울이지 않아서

☐ 상대가 지나치게 밀어붙여서

갈등이란……

☐ 마음에 담아둔 것을 쏟아낼 기회

☐ 대체로 생산적이지 못한 것

파트너에게 화가 나면 나는……

☐ 어떻게든 상대방에게 내 기분을 표현하려고 함

☐ 내가 알아서 해결하는 편을 선호함

관계에서 내가 최악의 모습을 보일 때는……

☐ 버려졌거나 거부당했다고 느낄 때

☐ 압박당하거나 침해당했다고 느낄 때

관계에서 내가 받고 싶은 느낌은……

☐ 파트너와 최대한 연결되어 있다는 느낌

☐ 편안한 느낌

감정이 소용돌이칠 때 기분을 풀기 위해 나는……

☐　누군가에게 마음을 털어놓음

☐　다른 것(운동, 술이나 담배, 일 등)으로 주의를 돌림

내가 파트너에게 말하지 않은 것이 있다면 그 이유는……

☐　파트너가 화가 나서 나를 거부할까 봐

☐　그건 내 문제고 파트너가 알 필요 없으니까

파트너가 내게 불만을 표할 때 그 이유는 대체로……

☐　내가 파트너를 비난하고 트집 잡아서

☐　내가 파트너가 원하는 만큼 관심을 보이지 않아서

파트너와 떨어져 있을 때 내 기분은……

☐　슬프거나 외로움

☐　혼자 보낼 수 있어서 홀가분함

파트너에게 상처받았다고 느끼면 나는……

☐　내게 필요한 것을 파트너에게서 얻어내야 마음이 풀림

☐　상당히 빠르게 혼자 회복함

파트너가 친구들과 대화를 나눌 때
내 기분이 나빠질 만한 쪽은……

☐　내 얘기를 아예 안 함

☐　내가 창피하게 여기는 이야기를 꺼냄

위쪽 줄에 있는 체크 표시 개수를 세서 적으세요.

= 불안형 점수 : ＿＿＿

아래쪽 줄에 있는 체크 표시 개수를 세서 적으세요.

= 회피형 점수 : ＿＿＿

한쪽 점수가 9점 이상이라면 관계의 불안정성을 주로 그쪽 유형으로 드러내고 있다는 의미입니다. 양쪽 점수가 모두 9점 미만이라면 어느 쪽이 우세하다고 보기 어렵습니다. 즉, 양쪽 유형이 복합적으로 나타난다는 뜻이죠. 이 점수가 의미하는 바에 대해서는 불안형(2장)과 회피형(3장)을 각각 중점적으로 다루며 자세히 살펴보겠습니다. 어느 한쪽 점수가 더 높게 나왔더라도 양쪽 내용을 모두 알아두는 편이 좋습니다.

이 책을 최대한 활용하는 법

이 책은 나의 애착 유형과 성향을 이해하게끔 해줄 뿐 아니라 나와 가까운 이들의 유형을 파악하는 데도 도움을 줍니다.

애착 테스트 파트 2에서 불안형 또는 회피형 점수가 눈에 띄게 높았다면 그게 무슨 뜻인지, 이제 어떻게 해야 하는지 알아보고 싶은 마음에 그 부분으로 건너뛰고 싶어질 수도 있을 거예요. 하지만 이 책을 최대한 활용하고 많은 것을 얻어내려면 결국에는 모든 내용을 빠짐없이 훑어보는 편이 좋습니다. 우리는 안정에서 불안정까지, 불안에서 회피까지 아우르는 애착 유형 스펙트럼 전체에 흩어져 있는 다양한 사람과 관계를 맺고 있으니, 타인의 유형을 이해하려면 다른 장의 내용도 살펴보아야겠죠. 게다가 애착 유형이란 칼로 무 자르듯 나뉘지 않습니다. 이를테면 전반적 테스트 결과는 안정형 애착으로 나왔더라도 이와 동시에 불안정-불안형 점수가 다소 높게 나타날 수 있다는 뜻입니다. 더불어 서로 다른 상대―예를 들어 두 명의 로맨틱한 파트너―가 있다고 할 때, 그들은 당신에게서 각기 다른 성향을 끌어낼 수 있습니다. 상대방의 애착 유형에 따라 내 반응이 달라지기도 하니까요. 그러니까 최고의 효과를 거두려면 모든 내용을 꼼꼼히 살필 필요가 있습니다.

이 워크북에 실린 과제는 나 자신과 타인에 대한 인식을 제고하고 이해의 폭을 넓히는 것을 목표로 구성되었습니다. 그렇지만 과제를 진행하다 관계에 얽힌 개인적 경험 때문에 감당하기 어려운 기억이나 기분이 되살아난다면 즉시 읽기나 쓰기를 멈추고 현실로 돌아오는 데 도움이 될 만한 행동으로 주의를 돌리세요. 설거지를 하든, 산책을 나가든, 친구에게 전화를 걸든, 잠깐 마음챙김 명상을 하든 뭐라도 좋습니다. 그리고 나중에 마음이 차분해진 뒤에 다시 과제로 돌아오세요. 아니면 상담사의 도움을 받아 이 책에 등장하는 주제와 그 주제에 대한 내 반응을 더 깊이 탐색해봐도 좋습니다.

마지막으로 여러분 자신을 위해 과제를 쉬엄쉬엄 해나갈 것을 당부드립니다. 앉은 자리에서 워크북 전체를 끝내려고 하지 마세요! 충분히 자고, 잘 먹고, 물도 마시고, 친구도 만나고, 뭔가 활동적인 일을 하면서 휴식을 취해야 합니다. 이렇게 시간을 두어야 과정이 더 즐거워질 뿐 아니라, 차근차근 과제를 해나가며 익힌 내용을 온전히 이해할 여유가 생기니까요.

핵심 요약

O   애착이론은 관계에서 타인에게 의지하게 될 때 그로 인해 스트레스를 겪거나 겪지 않는 성향을 설명할 뿐, 별자리 점이나 성격 분석 같은 것이 아닙니다.

O   사람들이 이런 스트레스에 반응하는 패턴은 아주 어렸을 때부터 관계에서 겪은 경험을 토대로 자연스럽게 형성된 것입니다.

O   불안정 애착을 형성한 사람이 보이는 행동 패턴은 관계에서 문제를 일으킬 수 있습니다.

O   이 책은 스스로 반응 패턴을 확인하고 진정한 변화 가능성을 모색하는 데 도움을 줍니다.

2장. 불안형 애착

애착 테스트 파트 2(32쪽)에서 불안형에 해당되는 점수가 나왔다면, 이번 장에서 그게 정확히 무슨 뜻이며 앞으로 어떻게 해나가야 할지 배울 수 있습니다. 점수가 높을수록 관계에서 겪는 불안정함을 불안이라는 형태로 드러낼 확률이 높죠. 이 장에서는 먼저 불안형 애착과 관련된 특성을 설명합니다. 그런 다음 관계에서 불안형 애착이 어떤 식으로 나타나는지를 (그게 나 자신이든 파트너든 상관없이) 이해하고, 나와 타인을 받아들이는 법을 배우며, 의사소통을 명확히 하는 능력을 키우고, 더 큰 안정감을 느끼는 방향으로 관계를 강화하는 법을 익히는 데 크게 도움이 될 정보와 과제를 제시합니다.

불안형의 특성

애착이론은 친밀한 관계에서 느끼는 안전감이나 신뢰감과 관련이 있습니다. 애착 테스트에서 불안정성 점수가 높게 나왔을수록 친밀한 관계에서 꾸준히 안전감과 신뢰감을 느끼기 어렵고, 그런 불안한 애착 패턴이 관계 자체에 부정적 영향을 미칠 가능성도 큽니다. 반면 불안정성 점수(28쪽)가 낮게 나왔다면, 불안형 점수(35쪽)가 매우 높다고 해도 불안형 애착 패턴이 관계에 미치는 부정적 영향은 그리 크지 않을 수 있죠.

불안형 애착이 있는 사람은 다음과 같은 특성을 보입니다.

- 아끼는 사람에게는 놀라울 정도로 너그럽고 세심한 태도를 보이곤 한다.
- 버려진다는 느낌(유기 불안)에 매우 민감하게 반응한다.
- 감정을 타인에게 쉽게 드러낸다.
- 자신이 느끼는 감정을 남의 탓으로 돌리는 경향이 있다. ("네가 내 기분을 이렇게 만들었잖아!")

불안형 애착이 있는 사람들이 가장 두려워하는 것은

버려지는 것[유기]입니다. 이 두려움이 아주 조금이라도 건드려지면 이들은 쉽게 공황에 빠집니다. 도움을 받고 싶다는 속마음을 드러낼 때도 있지만, 그걸 표현하는 방식 때문에 정작 도움을 청하려던 사람을 오히려 밀어내는 결과를 불러올 때도 적지 않죠. 쉽게 좌절감을 느끼고 자기가 먼저 실망했다는 말을 꺼내기도 하고요. 그래서 심정은 절박할지라도 불안형이 자기 방식대로 도움을 청하면 상대방은 경계심이나 반감을 느끼고 맙니다.

제 상담실을 찾아온 이들 가운데 불안형 애착이 있었던 내담자의 사례를 몇 가지 소개해보려 합니다. 참고로, 이 책에 언급된 사례에서 민감한 개인 정보는 모두 각색되었음을 밝힙니다.

20대 초반인 수지는 자기 삶에 패턴이 있음을 깨달았습니다. 좋은 친구를 만나서 매우 가까워지지만, 두어 해가 지나면 자신이 함께할 수 없는 취미나 다른 친구 관계에 화를 내고 질투를 하는 바람에 친구들과 소원해지기를 반복했죠.

미라의 남편 형진은 48시간 교대 근무를 하는 소방관이었습니다. 미라는 남편이 집에 있을 땐 무척 잘 지냈지만, 그가 출근하면 안절부절못하며 우울해했죠. 그래서 툭하면 그에게 뭘 하고 있는지 묻는 문자 메시지를 보냈습니다. 몇 분 안에 남편의 답장이 오지 않으면 미라의 불안은 한층 심해졌죠.

사교적 성격인 정우는 난리 난리를 치다 끝난 연애를 뒤로 하고 다시 데이트를 시작해보려는 참이었습니다. 예전엔 상대방과 통한다 싶으면 바로 '올인'하곤 했지만, 이제는 그렇게 하기가 꺼려졌죠. 그는 과거에 저지른 실수를 되풀이하지 않되, 열정적이고 감정이 풍부했던 자기를 되찾을 방법을 알아내고 싶어했습니다.

애착 유형이 스펙트럼상에 존재한다는 점, 그리고 불안정 애착이 있는 사람은 상황에 따라 불안형과 회피형 패턴을 둘 다 보인다는 점을 기억합시다. 위의 사례를 읽으며 여러분 인생에서 중요한 사람들—이를테면 부모나 헤어진 연인, 지금 만나는 연인 등—이 겹쳐 보였을 수도 있습니다.

불안형 애착 자각하기

다음 설명과 과제는 불안형 패턴을 확인하는 데 도움이 됩니다. 시작하기에 앞서 나 자신과 내게 중요한 인간관계를 비난과 비판이 아닌 호기심 어린 시선으로 바라볼 것을 권합니다. 나에 관한 새로운 정보를 습득하고 나에게 득이 될 게 없는 행동을 바꿀 의지를 다지려면, 마음을 열고 호기심을 갖는 게 가장 좋은 방법이니까요.

불안형 애착인 사람이 느끼는 자기 모습

불안형 애착을 형성한 사람들이 공통적으로 하는 경험이 몇 가지 있습니다. 설명을 읽으면서 내가 관계에서 겪는 경험과 얼마나 비슷한지 곰곰이 생각해보세요. 정확히 들어맞지 않는 부분이 있더라도 신경 쓸 필요는 없습니다. 물론 꼭 들어맞는 설명을 찾아내면 나만 그런 게 아니라는 걸 깨닫고 위안을 느낄 수 있겠지만요. 여기서 설명할 패턴은 아주 흔하게 나타나는 것들입니다.

불안형 애착인 사람은 타인과 연결된다는 개념을 좋아하고, 특히 로맨틱한 애착에 유난히 끌립니다. 속마음을 털어놓고 서로 지지해줄 특별한 사람이 있다는 데 마음이 움직이는 거죠. 말하지 않아도 파트너가 나를 뼛속까지 속속들이 '알아주는' 것이 이상적인 관계라는 환상을 품기도 합니다. 그래서 새로운 관계를 시작할 때면, 진정으로 이해받을 가망이나 가능성이 보이는지를 무척 중요하게 여깁니다. 이해받는다는 느낌이 들어야 애착이 생기고 장기적인 우정이나 연애 관계를 맺을 수 있다는 거죠. 그래서 상대방이 나에게 관심을 기울이거나 나를 '알아준다'는 느낌을 받지 못하면 그 관계를 계속 유지하지 않으려고 들 가능성이 큽니다.

　문제는 대체로 관계에 정착한 이후에 나타나기 시작합니다. 처음에는 세심한 태도와 이해심을 보여주어 잘될 것 같다고 생각한 사람도 결국은 놓치는 부분이 생기거나 다른 일에 정신이 팔리기 마련인데, 그럴 때 사람이란 눈에 보이는 게 다가 아니라는 생각이 드는 거죠. 불안형은 남에게 의지하게 될 때 어떤 일이 벌어질지 어린 시절부터 예상해온 시나리오가 있습니다. 그건 이런 내용이죠. '나는 기댈 사람이 필요해……. 그렇지만 사람들은 날 실망시킬 거야.' 연결되고자 하는 욕구에 따라 움직이는 당신은 지나치게 타인에게 집중하고 늘 그들을 우선시하면서도, 정작 자기 욕구는 채워지지 않아 불행하다고 느낄 때가 많습니다. 당신이 원하는 건 상대와 최대한 연결된 상태로 관심을 주고

받는 것이지요.

　관계에서 불안을 느끼기 시작하면 당신은 아주 사소한 일에도 깊이 상처를 받습니다. 마치 그토록 두려워하던 배신은 상대가 이미 저지르기라두 한 것처럼 말이죠, 이런 순간에 당신이 진정으로 원하고 필요로 하는 것은 도움과 지지입니다. 하지만 지지를 받고 싶다고 생각하면서도 사랑하는 사람이 옆에 있어주지 않을지도 모른다는 의심에 속이 뒤집히고 맙니다. 아무리 애를 써도 당신이 원하는 유대감은 잡힐 듯 말 듯 손에 닿지 않습니다. 그래서 더욱 괴롭죠. 이런 혼잣말을 해본 적도 한두 번이 아닐 겁니다. "이젠 더 이상 뭘 어떡해야 할지 모르겠어."

　불안형 애착이 완전히 활성화되면 당신은 관계를 끝내겠다고 위협하고, 최후통첩을 날리고, "난 네가 싫어" "우리 이혼해" "넌 나한테 아예 신경도 안 쓰잖아" 등 나중에 후회할 말들을 던집니다. 당연히 그게 잘하는 일이라곤 생각하지 않지만, 그 순간에는 달리 어찌할 도리가 없다고 느껴서 그러는 것이죠. 당신이 얼마나 고통스러운지 보여주고 싶은 겁니다. 사랑하는 사람이 그걸 눈치채고 마침내 그토록 갈구하던 안정감을 선사해주길 바라면서요. 하지만 당신의 행동은 거꾸로 그 사람을 밀어내고 맙니다.

어찌어찌 위기가 지나가고, 당신은 상황을 수습합니다. 하지만 갈등은 익숙한 고통과 억측을 더욱 강화합니다. 지레짐작으로 사랑하는 사람에게 기댈 수 없다고 생각해버리는 거죠. 여전히 연결되기를 원하지만, 과도하게 매달리면 아무도 상대해주지 않을까 봐 걱정이 됩니다. 너무 많은 걸 바란다는 건 알지만, 당신도 그만큼 많이 내어준다고 생각하죠.

애착이론에서는 이렇게 적절하지 않을 때조차 주고받아야만 한다고 여기는 당신의 믿음이 학습된 것이라고 설명합니다. 어린 시절 당신은 양육자가 힘들어할 때 기분을 풀어주어야 하는 불공평한 처지에 놓였을 수 있습니다. 물론 당시에는 곧이곧대로 따랐겠죠. 우리의 생존이 타인의 안녕에 달려 있을 때, 우리는 거기에 협조할 수밖에 없으니까요. 하지만 발달 관점에서 보면 스스로를 돌볼 수단을 갖추기도 전에 이런 행동을 기대받은 아이는 생존 불안을 느껴 타인에게 순응하게 되고, 이것은 이내 사랑받으려면 그렇게 행동해야 한다는 청사진으로 각인됩니다. 당신이 친밀한 관계에서 구원자 역할을 하려 하고, 지나치게 헌신하며 그만큼 지나치게 요구하는 것을 익숙하게 여기게 된 이유죠.

당신에겐 어린 시절 양육자에게 만족스러운 관심과 보살핌을 받지 못한 기억이 있을지도 모릅니다. 한참 발달 중인 중요한 시기에 할머니가 됐든 유모가 됐든 옆에 있어주었던 보호자가 적어도 한 명은 있었을 테고, 진심으로 사랑받은 기억도 있겠지요. 하지만 일관성 있게 이를 경험한 건 아니었습니다. 그래서 필요할 때 사랑을 받을 수 있으리라고 확신할 수 없었죠. 관계가 깊어지고 상대방에게 더 의존하게 될 때 당신을 미치게 하는 지점이 바로 이 비일관성입니다.

얼마나 당신에게 들어맞나요?

한 가지 설명이 모두에게 완벽히 적용될 순 없다는 점을 잊어선 안 되지만, 불안형 애착 점수가 높게 나온 사람이라면 앞의 설명에서 어느 정도 자기 모습을 발견했을 겁니다. 친밀한 관계에서 겪은 중요한 경험들을 돌아볼 때 앞의 설명이 나에게 얼마나 들어맞는다고 평가하나요? 점수를 매기고 해당되는 숫자에 동그라미를 쳐봅시다.

1 — 2 — 3 — 4 — 5 — 6 — 7 — 8 — 9 — 10
전혀 들어맞지 않음   완벽히 들어맞음

나를 가장 정확하게 묘사했다고 느낀 대목은 어디였나요?

_____

_____

_____

_____

_____

관계 안에서 불안형 애착이 드러나는 방식

불안형에 속하는 사람은 불안이 자극되면 대체로 과도한 반응을 보입니다. 물론 일부러 그러는 것은 아닙니다. 그저 자기가 느끼는 괴로움에 자기 방식대로 반응하는 것뿐이죠. 이런 반응 패턴을 인지하고 있을 수도, 전혀 알지 못할 수도 있는데, 일단 상처가 건드려지면 쉽게 날카롭거나 거친 반응을 보이는 게 불안형의 반응 패턴입니다. 충동적으로 관계에 위협이 되는 방식으로 행동하고, 이는 결국 안정되고 따뜻한 유대 관계를 유지하려는 노력을 스스로 무너뜨리는 방향으로 작용하죠.

불안형인 이들은 때로 자기모순에 빠지기도 합니다. 상대방의 지지를 바라지만, 일단 불안이 건드려지면 지나치게 동요해서 상대와 함께 있는 것을 견디지 못하죠. 불안형과의 관계는 기복이 심한 경향이 있습니다. 불안해서 내주고, 억울해하고, 불평하고, 요구하고, 잠깐 만족했다가 다시 내주는 순환 주기가 형성되기 때문이죠.

비난, 분노, 죄책감, 잔소리 등으로 자기 욕구를 충족하려 드는 사람은 그런 방식이 주변 사람에게 엄청난 스트레스를 주는 동시에 관계 자본relationship capital, 즉 관계에 문제가 생겼을 때 이를 다루어갈 수 있게끔 함께 쌓아온 정을 빠르게 갉아먹는다는 사실을 당시에는 거의 깨닫지 못합니다. 커플 관계 전문가 존 곳먼은 부정적 감정이나 상호작용이 한 번 발생할 때마다 적어도 다섯 번의 긍정적 상호작용이 뒤따라야 행복하고 건강한 관계로 회복될 수 있다는 결론을 내렸습니다. 우리는 평화로운 상태로 돌아가기 위해 기꺼이 양보를 하기도 합니다. 주는 것이 관계를 강화하는 이롭고 긍정적인 접근 방식이라는 점을 이해하기 때문이죠. 하지만 압박을 느껴 어쩔 수 없이 양보하게 되는 상황도 있습니다. 원하는 걸 얻겠다고 상대에게 압박을 가하는 방식은 궁극적으로 관계 자본을 갉아먹게 됩니다.

이런 역학 관계로 어려움을 겪었던 호규와 미소 커플의 이야기를 살펴보기로 하죠. 호규와 미소는 8년을 함께한 커플이었습니다. 학계에 몸담은 호규와 기업의 사내 변호사인 미소는 둘 다 직장에서 상당한 스트레스를 받았습니다. 보통은 호규가 먼저 집에 돌아와 두어 시간 뒤에 퇴근하는 미소를 기다렸죠. 호규는 아내가 돌아오면 대화를 나누고 싶어했지만, 미소는 저녁을 먹고 영화를 보면서 그저 긴장을 풀고 싶어할 따름이었습니다. 호규의 조바심을 감지한 미소는 길게 늘어질 게 뻔한 호규와의 저녁 일상 보고를 피하려고 회피 성향을 발동시켜 핑곗거리를 찾아냈습니다. 이를테면 집에 오는 길에 식료품점에 들르거나, 현관에 들어서자마자 개를 데리고 산책을 나가버렸죠. 미소가 '시간을 내줄' 무렵이면 호규는 이미 짜증이 나서 까칠해진 상태가 되어 있었습니다.

"당신은 나한테 관심도 없잖아." 호규는 이렇게 불평했습니다. 미소는 그런 말이 몹시 거슬렸지만, 그냥 흘려 넘겼습니다. 그러지 않으면 큰 싸움으로 번지고 말 테니까요.

호규의 입장에서 보면, 일부러 문제를 일으키거나 심술을 부리려 한 건 절대 아니었습니다. 그저 미소와 더 연결되어 있다고 느끼고 싶었을 뿐이죠. 호규는 스스로 자연스럽고 익숙하다고 느끼는 방식대로 자기를 표현했습니다. 하지만 그런 언행이 미소에게 미치는 영향이나 그들의 관계 자체가 미소에게 스트레스를 주고 있다는 사실은 깨닫지 못했죠. 폭발 직전의 갈등은 이 커플의 관계 자본을 상당 부분 잠식했고, 끝내 어떤 긍정적 상호작용으로도 이를 회복할 수 없게 돼버렸습니다.

불안에서 나온 행동과 의사소통 패턴을 조절하지 않으면 관계에 긴장이 생기고 관계 자본이 소진됩니다. 이걸 다시 채워 넣지 않으면 관계가 그대로 끝나버리는 것까진 아

니라도 결국엔 양쪽 모두 관계의 질이 떨어지면서 오는 스
트레스에 악영향을 받게 됩니다.

나의 불안형 애착 패턴 되돌아보기

이제 불안형 애착 행동이 언제 나타나는지를 이해하는 데 도움이 될 문제에 답을 해볼 차례입니다. 불편했던 경험을 깊이 파고들게 되겠지만, 불안형 애착이 인간관계에서 어떻게 작용하는지를 스스로 이해하기 위한 과정이라고 생각합시다.

1. 다른 사람과 관계를 맺으며 기분이 나빴거나 불편함을 느꼈던 기억을 떠올려보세요. 무엇 때문에 그런 느낌이 들었나요?
    예: 식중독에 걸려 회의에 늦었더니 상사가 화를 냈다.
      파트너가 친구들 앞에서 날 우습게 만들었다.

    내가 기분 나빴거나 불편했던 사건:

    _____

    _____

    _____

    _____

    _____

2. 어떤 사건들은 개인적인 이유로 상처가 되기도 합니다. 위에 적은 사건을 자세히 들여다볼 때, 어떤 점이 가장 견디기 어려웠나요?

예: 내가 존경하는 사람이 나를 인정해주지 않았다.

내가 해명을 하기도 전인데 누군가 나에게 화를 냈다.

내가 어떻게 할 수 없거나 바꿀 수 없는 것 때문에 수치심을 느꼈다.

나는 제대로 할 수 있는 게 아무것도 없는 것 같다.

그 사건에서 내가 가장 견디기 어려웠던 점:

_____

_____

_____

_____

지금까지 이런 일이 우리에게 영향을 미치는 이유에 초점을 맞춰 감정과 경험을 탐색해보았습니다. 수고하셨어요! 불편했던 경험을 이해하는 과정은 감정을 다스리는 법을 배우는 데 중요한 역할을 하는 단계입니다.

보너스 과제도 하나 있습니다. 반드시 해야 할 필요 없지만, 생애 전반에 걸친 감정의 패턴을 알아보는 데 매우 효과적인 방법이지요. 다음 도표에는 태어나서 20세까지의 타임라인이 표시되어 있습니다. 스무 살까지는 우리 삶에서 발달상으로 매우 중요한 시기입니다. 이 기간에 어려운 일을 겪을 때 그로 인해 생겨나는 생각과 감정을 다룰 수 있도록 도움을 받지 못하면, 그 경험은 우리가 나중에 삶을 살아가며 자기 자신과 타인을 바라보는 관점에 큰 영향을 미칩니다.

스무 살까지의 인생이 어땠는지 떠올려보세요. 불쾌한 감정이나 경험, 또는 그와 비슷한 무언가를 처음 느낀 건 언제였나요? 타임라인에 v 표시를 해보세요.

연령

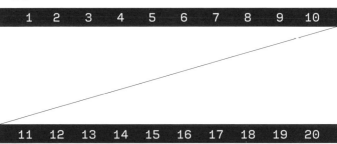

강력한 감정을 불러일으키는 사건은 대부분 인생 초년에 뿌리를 두고 있습니다. 이 타임라인 어딘가에 v 표시가 되어 있나요? 그게 지극히 정상적인 겁니다. 이제 다시 타임라인으로 돌아가서, 같은 감정을 느꼈던 다른 시점에도 기억나는 대로 v 표시를 해보세요. 생각나는 대로 표시하되, 할 수 있다면 세 개 이상 표시해보는 게 좋습니다. 가정, 학교, 직장, 모임 등 다양한 인간관계에서 경험한 일들을 떠올려보는 거예요.

그런 다음 펜이나 연필을 내려놓은 뒤 심호흡을 합니다. 이제 이런 감정과 경험이 내게 무엇을 남겼는지 살펴볼 차례입니다. 타임라인을 들여다보면서 다음 질문에 답해보세요.

1. 체크 표시의 전체적 분포는 어떤가요? 한 영역에 집중되어 있나요? 아니면 넓게 퍼져 있나요?

2. 표시를 보고 특별히 눈에 띄는 점이 있나요?

3. 이 감정을 더 많이 느끼게 되는 관계의 유형이 있나요?

4. 감정을 더 수월하게 처리할 수 있게 도와준 사람이나 대상이 있었나요?

타인의 불안형 애착 인식하기

관계 안에서 스트레스가 발생하면 당신뿐 아니라 상대방도 고유한 애착 패턴을 드러냅니다. 나에 대해 배운다고 해도 그건 방정식의 한쪽 항일 뿐이죠. 다른 한쪽은 당신이 관계를 맺고 있는 사람이 어떤 유형의 애착 패턴을 보이는지 알고 이해하는 것입니다. 그렇게 하면 갈등을 잘 봉합하고 오해를 방지하기가 훨씬 더 쉬워집니다. 5장에서 모든 종류의 애착 유형 조합을 다룰 예정이지만, 지금은 우선 관계 파트너가 불안형일 때 어떤 일을 겪게 되는지 살펴보기로 하죠.

상대가 불안형 애착일 때 드는 느낌

불안형 애착의 특성을 강하게 드러내는 사람과 관계를 맺는 일은, 고객지원부서에서 성난 고객을 응대하는 것과 비슷한 느낌을 줍니다. 불안형 애착 패턴을 보이는 사람은 표현성이 증가합니다. 다시 말해 언어적으로든 행동으로든 자신이 불만족스럽다는 걸 알리려 든다는 뜻이죠. 이들의 불평에는 정당한 이유가 있을 때도 많지만, 대개는 분노나 비판으로 들리기 때문에 상냥하게 반응해주기가 쉽지 않습니다. 고객지원부서에 담당자가 당신뿐이라면, 얼마 지나지 않아 지쳐서 기진맥진해지고 말겠죠. 나아가 과거에 부당한 대우를 받은 적이 있는 사람이라면, 조바심을 내며 다그치는 상대방의 태도에 학대를 당하는 느낌이 들지도 모릅니다.

평소에는 어려운 문제를 잘 다루는 사람이라도 불안형 애착인 사람과 갈등을 겪을 때는 자기 관점을 지키기가 어려울 수 있습니다. 불안정-불안형insecure anxious인 사람은 대체로 말을 잘하고 자기주장을 내세우는 수완이 뛰어나기 때문이지요. 실제로 불안형 중에는 입을 다물면 더 불안해져서 말을 많이 하는 사람도 적지 않습니다.

당신이 그 사람을 사랑한다면, 한편으로는 어떤 식으로든 진심으로 도와주고 싶을 겁니다. 하지만 다른 한편으론 마음이 내키지 않을지도 모릅니다. 그 순간에는 상대가 그리 사랑스럽지도, 날 사랑하는 것 같지도 않으니까요. 아니면 내가 많이 의지하는 사람이 나한테 화를 낸다는 사실이 나의 애착 관련 스트레스 패턴을 자극할 수도 있습니다.

사람들은 대개 이런 역학 관계에서 두 가지 방식으로 반응합니다. 사랑하는 불안형을 만족시키려고 온 힘을 다해 노력하든지, 아니면 그런 공격으로부터 스스로를 방어하려고 무덤덤하게 반응하며 아예 신경을 꺼버리든지. 장기적으로 보면 둘 다 딱히 바람직하지는 않습니다. 자각과

선 긋기가 없다면 전자는 기진맥진해지기 쉽고, 후자는 안 그래도 불안한 상대를 더 불안하게 만들 뿐입니다.

갈등이 길어지면 불안형 애착인 사람은 매사에 부정적이고 결국 만족을 모르는구나 하는 생각이 들 수도 있습니다. 상대방의 욕구를 채워주기 위해 아무리 최선을 다해도, 그들은 늘 뭔가 불평할 거리를 찾아내는 것 같단 느낌이 들죠.

불안형 애착 행동을 보이는 상대방에 대해 사람들이 자주 토로하는 불만은 이런 것들입니다.

- 화내고, 까칠하게 굴고, 트집을 잡고, 사람을 다그친다.
- 만족할 줄을 모른다. 늘 뭔가 잘못된 것을 찾아낸다.
- "신경 쓸 게 너무 많다."

이런 특성은 사랑이 식어버리는 원인이 됩니다. 갈등이 심해지면 관계를 이어가고자 하는 의욕이 꺾일 수 있죠. 불화가 너무 자주 생기면 이 관계가 과연 온갖 노력을 들여 유지할 가치가 있는 것인지 의심이 들기 시작합니다. 불안형 애착과의 친밀한 관계에서 툭하면 벌어지는 갈등 상황에 완전히 지쳐버리지 않게끔 대비할 몇 가지 방법이 있습니다.

관계 번아웃 알아차리기

첫 단계는 아직 노력해볼 여지가 충분히 있을 때 현재 상황을 확인하는 것입니다. 내가 모든 것을 쏟아붓느라 번아웃에 빠지고 있다는 걸 알려주는 징후에는 무엇이 있을까요? 이런 조짐을 알아차리는 법을 배워두면 상대방의 행동을 탓하거나 비난하는 일 없이 내 에너지 수준과 경계선을 점검하는 좋은 방편이 됩니다.

다음 보기를 읽고 관계에서 가끔 일어나는 일에는 체크를 한 번, 자주 일어나는 일에는 체크를 두 번 해봅시다.

☐ 나 자신을 비판하게 되거나 상대방을 비판한다.

☐ 상대방에 대해 집요하게 계속 생각한다.

☐ 회사 업무 등 원래 하던 일에 소홀해진다.

☐ 운동하는 것을 잊는다.

☐ 끼니를 제대로 챙기지 않는다.

☐ 잠이 잘 오지 않는다.

☐ 좋아하던 활동에 흥미를 잃는다.

☐ 내 인생에서 소중하다고 생각하는 다른 사람들과 보낼 시간이 부족하다고 느낀다.

☐ 억울한 기분이 든다.

☐ 소진되었다고 느낀다.

□　우울한 기분이 든다.

□　불안을 느낀다.

□　원래 내 모습을 잃어간다고 느낀다.

□　두려움을 느낀다.

□　항상 '전원이 켜신' 상태이어야 한다고 느낀다.

□　거절하기가 어렵다.

□　몸에서 특정 감각이 느껴진다(예를 들어 두통이나 긴장, 마비 등).

□　기타: _____

　　체크 표시 개수는 관계에서 한계에 이르렀는지를 확인할 수 있는 유용한 지표가 됩니다. 계속 내버려두면 이런 상황은 나에게, 그리고 결국에는 관계 자체에 부정적인 영향을 미칩니다. 규칙적으로 운동하고, 잘 먹고, 필요하다면 병원을 찾아 치료를 받으면서 할 수 있는 범위 내에서 상황을 개선하려는 노력을 기울여보세요. 긴장감이나 억울함처럼 다루기 까다로운 감정이 느껴지면, 어떻게 변화를 모색해야 할지 파트너와 대화를 나누어야 한다는 신호로 받아들이면 됩니다.

불안형 애착에 대응하는 방법

불안형 애착 반응은 버려진다는 두려움과 관계에서 욕구가 채워지지 않을지도 모른다는 의심에서 나온다는 점을 기억하세요. 당면한 문제 자체의 경중에 비해 과도해 보이는 불안형 애착 행동은 파트너를 화들짝 놀라게 할 수 있습니다. 심지어 반응을 보인 당사자가 자기 행동에 깜짝 놀라는 일도 있고요!

우선 우리가 사랑하는 사람이 불만족스럽거나 버려졌다는 느낌이 들어서 유쾌하지 못한 방식으로 반응한다 해도, 일부러 그러는 게 아니라는 걸 잊지 말아야 합니다. 불안형은 자기가 상대방에게 엄청난 영향을 주고 있다는 사실조차 모를 수 있거든요. 대부분은 자기 행동이 남에게 어떻게 비칠지 정확히 인식하지 못하죠. 이들은 그저 늘 해오던 방식대로 자신을 표현하며 원하는 바를 얻어내기 위해 애쓰고 있을 뿐입니다.

내담자 산이 파트너 마리아를 도와 불안형 애착의 역동을 다룬 방식을 한번 살펴봅시다. 마리아와 산은 다섯 달의 약혼 기간을 거친 뒤 최근 함께 살기 시작했습니다. 마리아는 약혼 자체에는 만족했지만, 앞으로 영원히 산에게 의지해야 한다는 생각에 불안형 애착 성향이 자극되었습니다. 그래서 기분이 좋지 않을 때가 많았고, 짜증은 비난의 형태로 튀어나왔죠. 마리아는 끊임없이 불평을 늘어놓았고, 산이 "치울 줄을 모른다"라며 잔소리를 했습니다. 그러고는 청소를 산에게 맡겨놓고 청소 상태가 자기 기준에 미치지 못하면 노력이 부족하다고 화를 냈죠. 산의 대응도 관계 개선에 별 도움이 되지 않았습니다. 마리아가 뭔가를 요구하면 산은 그저 시키는 대로 해주면서 어차피 따라올 불평불만을 수동적으로 기다렸고, 마침내 마리아가 비난을 쏟아내면 묵묵히 참고만 있을 뿐이었습니다.

상담을 받으며 이들은 다른 방식을 시도해볼 수 있게 되었습니다. 산이 바닥을 걸레질하기로 한 뒤 두 사람은 새로운 방식으로 대화를 해보았죠.

"이번 주에는 바닥 상태가 어떤 것 같아?" 산이 묻습니다.

"별로야." 마리아는 불만스러운 표정을 짓습니다.

"정확히 어떤 점이 별로라는 거야?" 산이 재차 물어봅니다.

"아직 구석에 먼지가 그대로 있잖아." 마리아가 대답합니다. "당신은 그냥 관심이 없는 거야. 처음부터 제대로 안 될 줄 알았어. 어차피 내가 다시 하게 되잖아."

"잠깐만." 산이 분명하게 말합니다. "그러지 않아도 돼. 바닦은 내가 맡기로 했잖아. 어디가 제대로 안 됐는지 알려 주면 내일모레까진 해놓을게.”

안도의 한숨을 내쉰 마리아는 기분이 나아지는 것을 느낍니다. 바닥 청소는 여전히 마음에 안 드는 상태 그대로 이지만, 이젠 적어도 파트너를 믿을 수 있게 된 것이죠.

이 상호작용에서 산은 마리아의 불안형 애착이 활성화 됐을 때 자신이 주도권을 잡고 상대를 다독이는 법을 배웠 습니다. 수동적으로 가만히 있는 대신 산은 적극적으로 피 드백을 요청했고, 마리아에게 명확한 지침을 주었고(“잠깐 만”), 기대치를 제시했죠(“내일모레까진 해놓을게”). 이런 대 응은 양쪽에 더 나은 결과를 가져다주는 새로운 패턴을 만 들어냅니다.

불안형 애착 다독이기

산과 마리아의 사례에서처럼 이 과제는 불안형 애착과의 관계에서 갈등을 겪을 때 내가 어떤 식으로 대처하는지를 알아보는데 도움이 됩니다. 주변 사람 중에 비교적 쉽게 화를 내고 자기욕구를 비판적이거나 비관적인 방식으로 드러내는 인물을 떠올려보세요. 그 사람이 그런 식으로 행동할 때 당신은 보통 어떻게 반응하나요?

_____

_____

_____

_____

그러면 그 사람은 대체로 어떻게 맞대응하나요?

_____

_____

_____

_____

　　패턴을 알아냈으면 이제 불안형 애착에 어떻게 반응하는 것이 나에게 도움이 될지 생각해볼 차례입니다. 사랑하는 사람이 불안과 공황에 빠졌을 때 도움을 줄 몇 가지 방법을 아래 제시해두었습니다. 이미 시도해보았거나 시도 중인 항목에 체크 표시를 해봅시다.

☐　안심시키기. "내가 옆에 있잖아." "난 아무 데도 안 가."

☐　둘의 관계에 적합한 방식으로 거리를 좁히고 접촉하기. 로맨틱한 관계라면 애정을 담은 손길과 포옹을 활용합니다. 그런 관계가 아니라면 한 걸음 다가가서 눈을 맞추고 미소를 짓거나, 그래도 된다면 손을 잡아줄 수도 있습니다.

☐　주도권 잡기. 명확하고 단순한 지침으로 상대방이 불안을 다잡을 수 있게 도와줍니다. 공황 상태에 빠진 사람은 문장이 짧아야 쉽게 받아들입니다. "잠깐만." "천천히." "좋은 점도 말해줘." "잠시 생각할 시간을 줘."

☐　상대방의 기대치와 예측 조절하기. "몇 분만 있다가 둘 다 조금 차분해지면 다시 이야기하자." "그 얘기는 이거부터 끝낸 다음에 다시 해보자."

☐　구체적 피드백 요청하기. "이번에 시도해본 대화 방식 어땠어?"

　　이 가운데 다음에 불안 행동을 맞닥뜨렸을 때 시도해보고 싶은 방법이 있다면 무엇인가요? 다음 빈칸에 적은 뒤 불안형 파트너와 나의 실제 관계에 맞춰 구체적으로 풀어 써보세요.

_____

_____

_____

_____

_____

수용하는 법 배우기

생소할 텐데도 애착 불안정성에 대해 배우고 인간관계에서 나타나는 애착 불안을 탐색해보려는 당신의 용기와 호기심에 박수를 보냅니다. 지금까지 누군가에게 의지할 때 느끼는 불확실함에 자극을 받아 과도한 반응이 나올 수 있다는 점, 그리고 그런 반응이 관계에 불필요한 부담을 주고 친밀감을 다지는 데 방해가 된다는 점을 배웠습니다. 다음 단계는 수용하는 태도를 갖추는 것입니다.

자기 수용하기

사람의 마음은 좋아하거나 익숙한 것은 받아들이고 좋아하지 않거나 익숙하지 않은 것은 멀리하려는 경향이 있습니다. 그러는 게 정상이지만, 이 때문에 새로운 경험을 하거나 자신에 관한 불편한 진실을 받아들이기가 어려워지기도 합니다. 심지어 이런 마음 때문에 자기 자신과 인간관계에 해가 되는 행동을 계속 반복하게 되기도 하죠.

새로운 행동을 받아들일 여유를 가지려면 에너지가 충분해야 하고 바뀌겠다는 의욕이 있어야 합니다. 그렇지 않으면 새로운 정보와 현실을 받아들이는 데 필요한 노력을 들이지 않으려고 할 가능성이 커지죠. 수용은 우리가 뭔가를 억누르거나 피하는 데 쓰던 에너지를 풀어내 생산적인 방식으로 사용함으로써 여유를 갖는 법을 배우는 데 도움이 됩니다.

감정의 자리

감정은 정신적 요소로도, 신체적 요소로도 나타날 수 있으며, 저항감은 둘 중 한쪽, 또는 양쪽에서 느껴질 수 있습니다. 감정과 연결된 특정한 신체 경험에 주의를 기울이면 그 감정을 온전히 받아들이는 데 도움이 됩니다. 일례로 분노는 매우 강력한 감정입니다. 다음 과제를 해보며 분노를 다스리는 데 어떤 효과가 있는지 살펴봅시다.

가장 최근에 가까운 사람에게 화가 났던 일을 떠올려봅시다. 그때의 감정이 어땠는지 조금이라도 느껴지나요? 몸의 어느 부분에서 그 감정이 느껴지나요?

예: 가슴 위쪽에서 느껴진다.

_____

_____

_____

_____

_____

_____

그 감정의 크기·모양·온도·색깔·질감을 떠올려보세요.

예: 배 속에 뭉쳐서 소용돌이치는 종잡을 수 없는 덩어리 같은 느낌.

그 감정은 언제 나타났나요?

예: 한 시간 전에.

　　내가 원하던 걸 얻을 수 없다는 사실을 알게 되었을 때.

펜이나 연필 또는 색연필을 써서 감정이 느껴지는 신체 부위에 형태를 그려보세요.

이제 숨을 깊이 들이쉽니다. 분노를 떠올리기만해도 몸에서 감정이 느껴진다니 참 놀라운 일이죠! 이런 감정이 몸 안에 있을 때도 있지만, 그렇지 않을 때도 있음을 받아들입니다. 그 느낌에 저항할 필요가 없다고 스스로에게 반복해서 일러주세요. 감정이 몸 안에 있을 때면 그 신체적 존재감을 받아들이고, 열린 마음을 유지하며 왜 그런 감정이 드는지를 알아내보려고 해보세요. 강렬한 감정을 이런 식으로 다스리는 법을 배워두면 불안이 건드려질 때 도움이 됩니다.

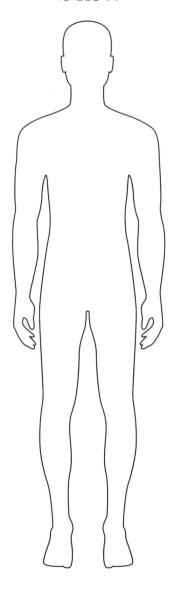

자기연민

내 행동이 과거의 인간관계에 미친 영향을 알아차리고 나면, 크게든 작게든 내가 남에게 입힌 상처에도 신경이 쓰일 수 있습니다. 예전에는 불안 행동을 자각하지 못했거나 심지어 필요한 행동이라 여겼을 수도 있지만, 지금은 그런 행동이 사랑하는 이들, 그리고 마음과 신뢰를 쏟았던 관계에 어떤 영향을 미쳤는지 좀더 자세히 알게 됐으니까요. 이제는 힘들 때 내가 아끼는 사람에게 무심코 상처를 줬다는 사실이 아프게 다가올 겁니다. 하지만 달라지고 싶다면 나의 그런 부분을 덮어놓고 꺼려하거나 무자비하게 공격하기보다는 우선 어떤 점이 잘못되었는지 들여다볼 용기를 끌어내야 합니다.

자기연민은 이런 후회가 들 때 도움이 됩니다. 자기연민 훈련은 내 어려움과 괴로움을 찬찬히 들여다보고, 내가 진심으로 그 고통을 나에게서 덜어주겠다고 마음먹는 것을 의미합니다.

잠시 자기연민을 연습해볼까요? 먼저 후회할 만한 말이나 행동을 했던 때를 떠올려보세요. 눈을 감은 뒤 그 일이 있었을 당시 내 모습을 머릿속에 그려봅시다. 영화를 보듯 그 장면을 바라보며 카메라가 다가와서 내 얼굴을 클로

즈업한다고 상상해보세요. 이제 사건 이전, 사건 당시, 사건 이후 내 얼굴과 몸을 관찰합니다. 그 모든 장면이 펼쳐질 때 쏟아지는 감정의 폭포를 바라보세요. 아픔, 분노, 좌절, 두려움, 절망, 모욕감 등이 올라오는지를 알아차려봅시다. 그 장면 속 '내'가 동작을 멈추고 프레임이 내게 고정될 때까지 계속 바라봅니다. 이제 손을 가슴에 얹고, 프레임 속 '나'에게 눈을 맞추며 다음 문장 가운데 하나 이상을 골라 말해줍시다.

- "다른 사람들 못지않게 너도 참 힘들었구나."
- "네가 행복했으면 좋겠어."
- "네가 고통에서 벗어났으면 좋겠어."
- 그 밖에 프레임 속 '내' 괴로움을 누군가가 알아주고 인정해주었다는 걸 깨닫는 데 필요한 말.

이제 장면이 다시 움직이고, 그 안의 '내'가 상냥하고 애정 어린 말을 전부 귀담아들었다고 상상합니다. 방금 한 말이 어떤 영향을 미쳤나요? 내 감정은 어떻게 달라졌나요?

자기연민이 어색하게 느껴진다면, 그건 아마 나 자신에게 마음에 들지 않는 점이 있을 때 스스로를 책망하고 비난하는 데 익숙해졌기 때문일 겁니다. 많은 사람이 보이는 반응이지만 자책은 불안정성과 불안을 완화하기는커녕 오히려 악화시키기 때문에, 애착 불안 치유에 도움이 되지 않습니다. 그러니 스스로를 연민하는 법을 계속 연습해보세요. 이 치유 연습을 더 심화할 방법을 알고 싶다면 「더 읽을 거리」를 참조하기 바랍니다.

타인 수용하기

자기 수용은 애착 유형을 탐색하는 이 작업의 일부일 뿐입니다. 타인의 애착 유형을 수용한다는 것은 그 사람이 세상을 경험하는 방식, 그 사람이 학습한 반응 패턴이라는 현실을 열린 마음으로 대한다는 뜻입니다. 그러려면 그저 관심을 쏟고, 거기서 알게 된 사실을 판단하지 않으면 됩니다. 이런 현실에 마음을 열면 사랑하는 사람을 더 온전히 이해함으로써 관계를 더욱 돈독하게 다질 수 있습니다.

물론 불안형 애착의 경험을 수용한다는 말이 관계에 악영향을 미치는 반사적 행동까지 전부 받아주어야 한다는 뜻은 아닙니다. 때로는 불안형 애착 패턴이 당신 탓이 아니라는 걸 깨닫기만 해도 수용이 이루어지곤 합니다. 다음 사례는 이런 과정을 잘 보여줍니다.

유니는 20대 후반 여성이었고, 지금은 혼자가 된 모친 세라는 거의 홀로 유니를 키웠습니다. 한 해 전 남편을 여읜 뒤 세라는 점점 더 자주 딸에게 전화를 걸었고, 생활에 있어서나 감정적으로나 지지를 받고 싶어하며 기대기 시작했죠. 유니도 처음에는 이를 신경 쓰지 않았고, 이민 2세대답게 어머니를 돌보는 것을 의무라고 여겼습니다. 하지만 몇 달이 지나자 유니는 어머니의 은근한 기대와 요구가 점점 부담스러워졌습니다. 세라는 딸이 매주 방문하는 것으로도 모자라 거의 반쯤 같이 살다시피 하길 원했죠.

적적해하는 어머니를 안쓰럽게 여겼던 유니로서는 거절할 도리가 없었습니다. 하지만 함께 시간을 보내다 보면 세라는 끊임없이 딸의 직업이나 인생 진로를 두고 트집을 잡았고, 유니는 기분이 상할 수밖에 없었죠. 얼마 가지 않아 유니는 이 견딜 수 없는 관계에서 어떻게 벗어나야 할지 모르겠다고 생각하게 되었습니다.

그러다 모친의 부담스러운 태도가 자기 탓이 아님을 실시간으로 인식할 수 있게 되면서, 유니는 마침내 돌파구를 찾았습니다. 이렇게 인식하기만 해도 어머니의 행동이 애착 유형에서 비롯되는 것임을 더 명확히 이해하게 되었고, 그 덕분에 모녀관계에서 벌어지는 일은 물론 어머니라는 사람도 더 수월하게 받아들일 수 있었습니다. 일단 모친의 경험이 자기 책임이라는 생각을 내려놓자 유니는 스스로를 방어할 필요를 덜 느끼게 되었고, 실제로 자기가 정한 선을 지키면서도 더 다정하고 상냥한 태도로 모친과 이야기를 나눌 수 있게 되었다고 했죠. 이 수용의 결과로 유니는 스트레스와 부담에서 어느 정도 벗어날 수 있었고, 세라도 필요로 했던 도움과 공감을 얻게 되었습니다.

불안정성에 공감하기

지금까지 불안형 애착에 관한 여러 정보를 살펴보았습니다. 이번 과제에서는 불안형 애착이 어떤 것인지 생각해보는 데 그치지 않고, 그 마음을 <u>느껴</u>봄으로써 공감해보는 연습을 해보겠습니다.

　불안형 애착이 건드려지는 핵심 조건 중 하나는 파트너에게 기대하는 관심과 애정이 불규칙하게 주어질 때의 비일관성입니다. 이것이 사람의 마음에 어떤 영향을 미치는지 알아보기로 하죠.

　살아가면서 당신이 매일 크게 의지하는 대상을 떠올려보세요. 그건 월급일 수도, 집일 수도, 해가 뜬다는 자연 현상처럼 단순한 것일 수도 있습니다. 이 무언가에 관해 두어 문장을 쓰고, 왜 그것을 소중하게 여기는지도 적어봅시다.

　내가 매일 의지하며 소중히 여기는 것은:

_____

_____

_____

그것이 내 행복에 어떤 식으로 기여하는지 생각할 때 드는 기분:

_____

_____

_____

이제 그 대상이 지금 막 변해버렸다고 상상해봅시다. 당신이 통제할 수 없는 힘의 영향으로 그것이 이제 예전 같은 역할을 할 수 없게 되었습니다. 그래서 그것에 기대려고 할 때마다 당신은 충격과 실망을 마주하게 됩니다. 월급이라고 썼다면 월급이 매번 알 수 없는 이유로 예측할 수 없는 금액만큼 깎인다고 생각해보세요. 집을 적었다면 귀가할 때마다 당신이 가진 열쇠로 문이 열릴지 어떨지 알 수 없다고 상상해봅시다. 자물쇠가 어쩐 일인지 멋대로 바뀌어버리는 것이죠. 매일 해가 뜬다는 데서 위안을 얻는다면, 예측할 수 없는 갖가지 방식으로 서머타임(일광절약시간)이 시행된다고 상상해봅시다.

실망할 때마다 당신은 상황이 괜찮았을 때 그것이 예전에 주던 따스한 위안에 대한 기대감을 떠올립니다. 그런 상황에서 이 낯선 현실을 상상하면 어떤 기분이 드나요?

이제 당신이 아끼는 누군가와 점심을 먹으러 갔는데, 이런 기분에 사로잡혔다고 가정해봅시다. 그 만남은 평소와 어떻게 다를까요?

이것이 바로 당신이 사랑하는 상대이자 불안형인 사람이 느끼는 방식임을 어렵잖게 짐작할 수 있을 겁니다. 물론 그는 자기가 친밀한 관계를 맺을 사람으로 당신을 선택해놓고, 당신을 온전히 믿지 못해서 불안을 느낀다는 차이점이 있기는 하지만요.

건강한 의사소통

앞서 언급했듯 애착을 경험하는 방식을 있는 그대로 수용한다고 해서 불안형의 과도한 행동이나 그 행동이 관계에 미치는 영향까지 받아들여야 한다는 뜻은 아닙니다. 특히 당신이 불안형 애착 관련 행동을 자주 보이는 사람이라면, 먼저 스스로 친밀함과 의존에 불안을 드러내는 경향이 있음을 인정하고, 관계 목표를 달성하는 동시에 마음을 가라앉히고 위안을 얻는 데 도움이 될 기술을 학습할 필요가 있습니다.

그런 기술 가운데 하나가 바로 건강하고 명확한 의사소통입니다. 앞에서 불안형 애착 당사자는 불안이 건드려지거나 좌절하거나 상처받았을 때 자신의 속상함을 상대방에게 투사하는 경향이 있다는 점을 살펴보았습니다. 이런 의사소통은 대개 비난하고, 보채고, 화를 내는 형태로 나타나지만, 그 아래에는 자신의 숨은 욕구를 상대가 알아차리고 채워주기를 바라는 소망이 깔려 있습니다. 하지만 안타깝게도 표출된 방식은 욕구를 채우기에 그리 알맞은 방법이 아니죠.

물론 가끔은 통할 때도 있고, 그러다 보면 감정을 날것 그대로 드러내려는 성향이 강화되기도 합니다. 하지만 이

점을 생각해보세요. 당신의 의사소통 방식이 파트너에게, 나아가 관계 자체에 스트레스를 주는데도 그 방식이 통했다면, 그건 파트너가 당신을 사랑하기 때문이지 당신이 스스로 원하는 것을 상대와 협력해서 효율적으로 얻어낼 줄 아는 사람이라서가 아닙니다.

자기 욕구와 감정을 서로에게 이로운 방식으로 더 또렷하게 전달하려면 연습이 필요합니다. 단기적으로는 떠오르는 대로 내뱉어 후련해지는 방식만큼 만족스럽진 않다고 느껴질 수 있지만, 장기적으로는 소중한 관계를 잘 유지하고 강화하는 데 도움이 되는 방법이죠. 게다가 이런 의사소통 방식은 다른 인간관계에도 두루 적용된다는 점이 큰 장점입니다.

나를 표현하기 전에 동의 구하기

누군가와 친밀한 관계가 되면 내가 그 사람 주변에서 하는 말과 행동은 긍정적으로든 부정적으로든 그에게 영향을 미치기 마련입니다. 그냥 하는 말 같은 건 없다는 뜻이죠. 그러니까 관계에 효과적으로 협조해서 원하는 바를 이루려면 실시간으로 상호작용을 점검하면서 대화가 생산적으로 이어질 수 있게 주의를 기울일 필요가 있습니다. 물론 내 의사를 표현하는 것도 그에 못지않게 중요하죠.

어떻게 하면 두 가지를 다 해낼 수 있을까요? 동의 얻기는 내 욕구와 타인이 편안하게 여기는 경계선 사이에서 균형을 잡아야 할 때 유용하게 활용할 수 있는 관계 도구입니다. 건전하게 동의를 얻는 연습을 하다 보면 양쪽 관점을 모두 고려한 대화가 가능해집니다. 우리는 대체로 관계에서 신체적·성적 경계선을 존중하고 이 선을 넘을 때는 동의를 구해야 한다고 배웁니다. 그래서 성적 접촉을 하기 전에는 상대방도 그걸 원하며 준비가 되었는지를 확인하죠. 그런데 마음과 감정을 주고받는 진지한 대화를 나눌 때도 동의를 구해야 한다는 생각은 아예 하지 않을 때가 있습니다. 하지만 바람직한 관계를 원한다면 이런 교류에서도 동의를 구하는 편이 훨씬 더 바람직합니다.

과거에 대화를 나누다가 당신이 불안형 패턴에 빠지는 바람에 급격히 흥분해서 결국 아무런 결과도 얻지 못했던 때를 떠올릴 수 있나요? 머릿속에서 그 장면으로 돌아가봅시다.

다음 대화 도구 가운데 하나 이상을 추가해서 그 대화의 느낌이나 결과를 조금이라도 나아지게 할 수 있을까요? 아래 제시된 예시 목록을 읽고 내가 원하는 결과에 가까이 가는 동시에 상대방의 경계선을 존중하는 데 도움이 되겠다고 생각되는 항목을 전부 체크해보세요.

동의를 구하는 방법 몇 가지를 소개해보겠습니다.

☐　대화 의도를 밝히고 상대방에게 이야기해도 괜찮은지 확인하기. "불편한 게 하나 있는데, 이야기해도 될까?" "마음이 너무 답답해서 꼭 말하고 싶은 게 있어. 당신이 들어줄 마음의 여유가 있을까?" "네 상황에 대해 좀 생각해봤어. 혹시 내가 조언을 하거나 끼어들어도 괜찮아?"

☐　상대방에게 편한 시간대에 맞춰 원하는 것을 요청하기. "리모델링 관련해서 언제 의논해보는 게 좋을지 알려줄 수 있어?"

☐　대화에 필요한 시간을 구체적으로 요구하고, 그대로 지키기. "설거지 어떻게 할지 얘기 좀 하고 싶은데 지금 20분만 시간 내줄 수 있어?"

☐　서두를 꺼낸 뒤 상대방이 어떻게 반응하는지 살피기. "여기까지가 내가 말하고 싶었던 얘기의 앞부분이야. 지금까지 어땠어?"

☐　언제든지 기꺼이 멈출 준비하기. 상대방이 대화할 의욕을 잃거나 불편함을 드러내면 잠깐 쉬거나 중단합니다. "생각했던 것보다 이런 말이 당신한테 영향을 많이 미치는 모

양이네. 이제 그만하거나 잠깐 쉴까?"

이제 비생산적이었던 과거의 대화에 이 동의 구하기 항목을 두어 개 넣어서 어떻게 흘러갈지 상상해보세요. 대화 결과는 어떤 식으로 달라질 것 같나요?

_____

_____

_____

_____

_____

안전과 안정 욕구

동의는 첫 단계일 뿐입니다. 애착에 관련된 욕구에는 두 가지가 있습니다. 바로 안전과 안정이죠. 안전은 신체적 위협을 겪지 않는 데서 오는 안도감입니다. 안정은 지금도 앞으로도 소통과 자원을 얻을 수 있으리라는 데서 오는 확신이고요. 누군가에게서 안정감을 느낀다는 것은 그 사람이 내 곁에 있어주고, 앞으로도 그래줄 것이며, 나를 따스하고 애정 어린 눈으로 바라봐주리라고 느낀다는 뜻입니다. 상대와 함께할 때 느끼는 안전감과 안정감은 관계에서 신뢰를 쌓는 토대가 되죠.

어느 정도의 안전감과 안정감이 확보되기 전에는 함께하는 일(이를테면 공동 결정, 프로젝트 등)이 원활히 진행되기 어렵고, 건강한 대화도 잘 이루어지지 않습니다. 이번 과제는 스트레스가 심한 상호작용을 하는 동안에도 안전감과 안정감을 느끼려면 무엇이 필요한지 탐색하고 확인하는 데 도움이 됩니다. 파트너와 특정 상호작용을 하다 내 불안한 감정 때문에 대화가 어려워졌거나 비생산적으로 흘러가게 됐던 일을 머릿속에 떠올리며 시작해봅시다.

　　대화가 어려워졌을 때 느껴지는 위협감을 가라앉히기 위해 내가 직접 할 수 있는 일은 무엇일까요? (스트레스를 느끼는 몸을 차분히 진정시킬 만한 방법 위주로 생각해보세요.)

1. _____

2. _____

3. _____

　　위협을 느끼는 나를 진정시키기 위해 파트너가 해줄 수 있는 일에는 무엇이 있을까요? (이번에도 몸에 초점을 맞춥니다.)

1. _____

2. _____

3. _____

　　의사소통이 어려워져 불안정한 느낌이 올라올 때 이를 가라앉히고 여전히 연결되어 있다고 느끼며 안심하기 위해 내가 직접 할 수 있는 일은 무엇일까요?

1. _____

2. _____

3. _____

<u>파트너</u>가 여전히 연결되어 있음을 나에게 알려주기 위해 해줄 수 있는 말이나 행동에는 어떤 것이 있을까요?

1. _____

2. _____

3. _____

이제 잠깐 시간을 내서 파트너나 사랑하는 사람과 마주 앉은 뒤 당신이 안전과 안정에 관해 배운 내용을 공유하고 작성한 목록을 함께 살펴볼 차례입니다. 다음 문장을 활용하면 유용한 논의를 해볼 수 있을 거예요.

- "당신이 나에 대해 아는 사실을 고려할 때, 이 목록에 있는 항목들이 내가 진정하는 데 얼마나 도움이 될 것 같아?"
- "이 목록에 추가하고 싶은 게 있어?"
- "내 불안이 건드려졌다는 걸 눈치챘을 때, 여기 적힌 것들을 해볼 수 있게 도와줄 의향이 있어?"

불안형 애착인 사람도 효과적이고 건강한 대화를 나눌 수 있으며, 이런 의사소통 기술을 익히면 친밀한 관계에서 신뢰와 안정감을 쌓는 데 도움이 됩니다.

유대감 강화하기

불안 성향이 있다고 해서 나쁜 사람이거나 사랑받을 자격이 없는 사람이라는 뜻은 절대 아니라는 점을 꼭 기억하세요. 불안정성 점수가 어떻든 누구나 안정된 관계를 맺을 수 있습니다. 관계 안정성은 두 파트너에게 고루 이로운 방식으로 양쪽에서 가장 좋은 모습을 끌어내는 행동과 태도를 통해 도모할 수 있습니다. 불안정성 점수가 높다는 건 그저 넘어야 할 장애물이 조금 더 많다는 뜻일 뿐입니다.

감사 일기

감사 표현은 관계 자본을 쌓는 매우 훌륭한 방법입니다. 파트너
와 함께 서로의 삶을 각자 어떤 식으로 더 나아지게 했는지 인
정해주는 시간을 가져보세요. 기분이 좋아실 거예요.

내가 파트너에게 감사하게 여기는 것 세 가지를 적어보
세요.

1. _____

2. _____

3. _____

나 자신에게 감사하게 여기는 것 세 가지를 적어보세요.

1. _____

2. _____

3. _____

정기적으로 서로 감사하는 시간을 가지면 호감이 쌓이고, 이렇게 쌓인 호감은 어려운 시간을 넘기는 데 도움이 되는 관계의 자본이 됩니다. 감사하고, 이해하고, 받아들이는 데 집중하고, 건강한 의사소통 방식을 배움으로써 불안형 애착인 사람도 양쪽 모두 안전감과 안정감을 느끼는 탄탄하고 건강한 관계를 맺어갈 수 있습니다.

O 상대에게 미치는 영향을 고려하지 않고 불안형 애착 패턴에 따라 과도한 반응을 보이면 관계 자본을 소진하게 됩니다.

O 사람들은 관계에서 안전과 안정을 되찾고 싶어 자기도 모르게 불안형 애착 패턴에 따라 과도한 반응을 보이지만, 이런 패턴은 생산적이지 않습니다.

O 수용과 자기연민은 불안형 애착이 있는 사람을 받아들이고 지지하는 데 도움이 됩니다. 건강한 대화 기술은 꼭 배워두어야 할 중요한 도구입니다.

이 장에서 배울 수 있는 기술은 다음과 같습니다.

◆ 불안형 애착인 나에 대한 자기연민, 불안형 애착인 상대를 향한 공감.

◆ 내 한계를 깨닫고 타인의 경계선을 존중하는 방법.

◆ 불안형 애착 행동을 누그러뜨리는 방법.

3장. 회피형 애착

애착 테스트 파트 2(32쪽)에서 회피형 애착에 해당되는 점수가 나왔다면, 이번 장에서 그게 정확히 무슨 뜻이며 앞으로 어떻게 해야 하는지를 배워볼 겁니다. 점수가 높은 사람일수록 관계에서 불안정함을 느낄 때 회피라는 형태로 이를 드러낼 가능성이 큽니다. 불안형이 불안정성을 항의와 비난으로 나타낸다면, 회피형은 애초에 타인을 필요로 하는 자기 욕구를 축소하거나 부정합니다. 이 장에서는 먼저 애착 유형과 관련된 특성을 설명한 다음, 관계에서 (내가 됐든 파트너가 됐든) 회피형 애착이 어떤 식으로 나타나는지를 알아보겠습니다. 그다음 자신과 타인을 받아들이는 법을 배우고, 명확히 의사소통하는 능력을 키우고, 스스로 더 확실한 안정감을 느끼는 방향으로 관계를 강화하는 방법을 익히는 데 큰 도움이 될 정보를 알려드리고, 이와 관련한 과제를 드려볼게요.

회피형의 특성

애착 테스트에서 불안정성 점수가 높게 나왔을수록 관계 자체가 불안형 애착 패턴에 부정적 영향을 받을 가능성도 큽니다. 반면 불안정성 점수가 낮게 나왔다면 관계는 별 영향을 받지 않을 수도 있습니다.

회피형 애착이 있는 사람은 다음과 같은 특성을 보입니다.

- 자립적이다. 다시 말해 상황을 혼자 알아서 처리하는 데 능숙하다.
- 불평하지 않는 편이지만, 불쾌감을 간접적으로 드러낼 때가 있다.
- 자기 자신보다는 사물이나 개념에 관해 이야기한다.
- 기억에 문제가 있다고 스스로 말하거나 남에게 그런 얘기를 들을 때가 종종 있다.
- 편법을 쓰는 한이 있더라도 갈등을 최대한 빠르게 해

결하는 편을 선호한다.

대놓고 갈등을 무시하거나, 현실을 부정하거나, 술로 불편한 마음에서 벗어나려 하는 등 회피 행동은 다양한 양상으로 드러납니다. 하지만 남을 기쁘게 하거나 도와주는 데 지나치게 열중하느라 자기 자신을 등한시하는 듯 보이는 미묘한 방식으로 나타나기도 하죠. 회피 행동은 스스로를 수치스럽거나 무능하다고 느끼게 되는 상황을 피하기 위한 모든 종류의 반응을 아우릅니다.

제 상담실을 찾아온 분들 가운데 회피형 애착이 있었던 내담자의 사례를 몇 가지 소개해드릴게요. 이번에도 이름은 모두 가명입니다.

서일은 16년 차 기혼자였습니다. 지난 두어 해 동안 그는 아내와 점점 더 자주 다투게 되었죠. 아내는 서일이 속내를 털어놓지 않고 방어적으로 군다고 불평합니다. 서일은 아내를 행복하게 해주고 싶지만, 어떻게 변해야 할지 모르겠고, 아내가 계속해서 그 얘기를 꺼낼 때마다 스트레스를 받습니다.

이혼 가정에서 자랐고, 남의 말을 잘 들어줘서 기분을 풀어주는 데 재능이 있음을 발견한 형원은 가족과 친구들 사이에서 줄곧 중재자 역할을 해왔습니다. 형원 자신도 그런 역할을 맡는 걸 좋아합니다. 불평에 귀를 기울여주는 한, 사람들은 절대 그에게 화를 내지 않으니까요! 얼마나 잘 들어주는지, 형원에게 불만을 품는 이는 아무도 없습니다. 다들 그가 '완벽'하다고 여기죠. 형원은 '완벽'하지 않더라도 사람들이 여전히 자신을 받아들이고 사랑해줄지 확신할 수 없습니다.

지후는 신체적 애정 표현이나 감정적 유대가 거의 없는, 엄격한 기독교 근본주의 집안에서 자랐습니다. 레즈비언으로 커밍아웃한 후 교회와 부모에게 거부당한 뒤로는 자신을 교인으로 여기지 않죠. 하지만 가족의 의절에 의연한 태도를 보이면서도, 마음 깊은 곳에서는 여전히 가족에게 인정받기를 원하고, 그 생각을 할 때마다 눈물이 차오릅니다.

그렇다면 내가 타인과의 관계에서 회피형 패턴을 보이고 있다는 건 어떻게 알 수 있을까요? 당신의 관계 파트너는 당신과 소통하려 할 때 뭔가에 가로막힌 기분이 든다는 말을 자주 꺼낼 겁니다. 당신은 그게 무슨 문제인지 선뜻 이해되지 않을 수도 있지만요. 이런 피드백을 반복해서 받고 나면, 비현실적인 정도로 자주성을 지키려 하는 내 성향이 특정 패턴을 이루고 있을지 모른다는 생각이 어렴풋이 들지도 모릅니다. 이번 장의 내용을 살펴보면서 회피형 애착 행동이 어떤 식으로 나타나며, 거기에 어떻게 대처해야 하는지를 배워봅시다.

회피형 애착 자각하기

누군가에게 의존하게 되는 게 싫고 타인, 심지어 나에게 매우 중요한 사람에게도 거리를 두는 쪽이 편한가요? 각자 이유는 다르겠지만, 회피형 애착이 있는 사람의 문제는 누군가와 지나치게 가까워지면 불편함을 느낀다는 점, 그리고 생활 면에서든 감정 면에서든 남에게 의존한다는 것 자체에서 스트레스를 받는다는 점으로 압축됩니다. 다른 유형의 스트레스와 마찬가지로, 사람은 [관계 스트레스가 있을 때] 이에 대처할 패턴을 만들어내기 마련이며, 그 패턴은 무의식적이거나 비생산적인 형태일 수 있습니다.

성인이 된 뒤 회피형 애착은 다양한 형태로 드러나는데, 다음 설명은 회피형 애착에게서 흔히 나타나는 몇 가지 패턴을 보여줍니다. 이 설명을 읽으면서 지금이든 과거의 관계에서든 내 모습과 닮은 부분이 얼마나 있는지 확인해보세요.

회피형 애착인 사람이 느끼는 자기 모습

당신은 매우 자주적이며, 그 점에 자부심을 느낍니다. 자기 자신에 관해 이야기하기를 그리 즐기지 않는 편이기도 하죠. 자기 욕구를 드러내서 관심을 끌려 하지 않으며, 다른 사람이 그러는 모습을 보면 눈살을 찌푸립니다. 논리와 이성은 편안하게 받아들이지만, 감정에는 거리를 둡니다. 그 편이 당신에게는 여러모로 잘 맞았으니까요.

어린 시절 주변 어른에게 지지나 축하, 인정을 받았던 기억을 구체적으로 세 가지 떠올릴 수 있나요? 시간을 들여 곰곰이 생각해보세요. 사람들은 대체로 어린 시절의 특정 인물과 함께했던 따스하고 즐겁고 감동적인 추억을 떠올립니다. 지금 당장 구체적 장면이 하나도 떠오르지 않는다면 당신은 불안정-회피형 애착일 가능성이 있습니다. 당신에게 즐거웠던 추억이 하나도 없다는 뜻은 아닙니다. 그저 타인과 함께 있는 것보다 당신 혼자서 놀았던 기억이 더 소중했을 수도 있죠. 어쩌면 혼자 있기를 더 좋아하는 아이였을 수도 있고요! 제가 아는 회피 성향이 강한 사람들은 어린 시절 가장 즐거웠던 기억으로 몇 시간이고 숲에서 혼자 논 일, 공상에 빠졌던 일, 방에서 봉제 인형을 가지고 상상의 세계를 만들어냈던 일을 꼽기도 했습니다.

회피형인데도 양육자가 당신에게 애정을 쏟았던 기억이 떠올랐다면, 그런 긍정적 관심을 받기 위해 뭔가 '옳은' 일을 해야 했을 확률이 높습니다. 어른들은 당신이 똑똑하다고, 예쁘다고, 운동을 잘한다고, 착하다고, 또는 재능이 있다고 칭찬해주었죠. 거기서 당신은 가족이 잘 지내는 듯 보이게 만들어야 사랑과 관심을 받을 자격이 생긴다는 메시지를 받았습니다.

그렇기에 어른이 된 당신은 누군가 지지해줄 거라는 믿음을 자연스럽게 품을 수가 없습니다. 그보다는 지지받고 싶어하는 마음이 남에게 폐를 끼친다고 여기며, 신경 쓰이지 않는 사람이 되어야 더 좋은 친구나 파트너, 가족이나 팀원이 된다고 생각하죠. 그래서 자기 자신과 주변 사람들에게 당신은 원래 별 욕구가 없다고 거듭 강조합니다. "나는 바라는 게 별로 없어." "내가 원하는 건 단순해." 이런 말이 자신을 표현한다고 생각하면서요.

당신이 싱글이라면 연애에 관심이 있거나 언젠가 짝을 찾고 싶다고 생각할지도 모르지만, 잠재적 문제점을 생각하면 잘 모르겠다는 생각도 듭니다. 그래서 한 사람에게 매이는 것을 꺼리기도 하죠. 한번 만나볼까 하는 생각으로 누군가를 만나기도 하지만, 너무 진지해지거나 정이 들기 전에 관계를 끝낼 때가 많습니다. 이별이 쉬운 일은 아니지만, 나중에 갇혀버린 느낌이 드는 것보다는 나으니까요.

파트너를 찾을 때는 '매사에 너무 진지하지 않은' 사람, '느긋한' 사람을 선호하는 경향이 있습니다. 지나치게 안달복달하거나 너무 많은 것을 요구하지 않는 사람을 높이 평가하죠. 요구가 많은 사람을 만나면 스스로 부족하다는 느낌이 들고 스트레스를 받기에 그런 사람을 가까이 두지 않으려 합니다.

이미 어떤 사람과 로맨틱한 파트너 관계를 맺고 있다면 상대방에게 잘하려고 노력은 하지만, 어느 정도의 거리나 '공간'도 확보하려 합니다. 누군가가 허락 없이 너무 가까이 다가오면 불편함을 느끼기도 하지요. 논리적으로 그럴 이유가 없을 때도 말입니다. 때로는 관계에서 왜 그런지 모르게 압박감이나 스트레스를 느낄 때가 있으며, 그럴 때면 숨어버리고 싶어집니다.

파트너의 욕구와 소망을 받아들이는 당신의 수용력에는 분명한 한계가 있습니다. 파트너가 왜 그런 요구를 하는지 규리로는 이해한다고 해도, 그 순간 당신 눈에는 그게 필요해 보이지 않죠. 관계에서 딱 한 가지 불만을 꼽으라고 한다면, 당신은 파트너가 너무 많은 것을 요구한다는 점을 꼽을 겁니다. 이런 원치 않는 부담감을 느끼면 당신은 취미나 다른 활동에 열중하고, 당신에게 익숙하며 예측이 쉬운 탈출구―가령 일, 운동, 포르노그래피, 술이나 약물 등―에 눈을 돌립니다.

중요한 욕망이나 욕구가 있다는 사실을 자각했을 때 그걸 인정하고 타인에게 알린다는 건 회피형에게 대단히 부담스러울뿐더러 두렵기까지 한 일입니다. 익숙하지 않을 뿐 아니라 그렇게 해서 타인이 욕구를 채워주리란 생각도 들지 않으니까요. 마음이 너무 불편해서 애초에 그런 욕구를 자각했다는 사실 자체를 잊어버리고 싶어질 지경입니다.

당신에게 세상에서 가장 불행한 건 채워지지 않은 욕구나 욕망이 아닙니다. 거기에 집중하지만 않으면 괜찮다고 여기죠. 당신이 견디기 어려운 건 부당하게 비난받거나,

매도당하거나, 저평가받는 것입니다. 이렇게 역린이 건드려진 당신은 더욱 회피하고 싶어지지만, 빠져나갈 구멍이 없다고 느낄 때는 평소답지 않게 공격성을 드러내기도 합니다.

불안정성 점수가 높게 나왔다면 회피 행동이 신체적 형태로 나타날 가능성도 큽니다. 포옹이나 기타 신체 접촉 전반을 달가워하지 않는다는 뜻이죠. 성생활 또한 특정한 방식만 고집할 수 있습니다.

얼마나 당신에게 들어맞나요?

한 가지 설명이 모든 이에게 완벽히 적용될 수는 없다는 점을 잊어선 안 되지만, 회피형 애착 점수가 높게 나온 사람이라면 앞의 설명에서 어느 정도 자기 모습을 발견했을 겁니다. 진밀한 관계에서 겪은 중요한 경험들을 돌아볼 때 앞의 설명이 나에게 얼마나 들어맞는다고 평가하나요?

1 — 2 — 3 — 4 — 5 — 6 — 7 — 8 — 9 — 10

전혀 들어맞지 않음   완벽히 들어맞음

앞의 설명에서 나를 가장 정확하게 묘사했다고 느낀 부분은 어디였나요?

_____

_____

_____

_____

_____

관계에서 회피형 애착이 드러나는 방식

회피형 애착에 속한다는 건 누군가와 가까워지는 게 스트레스가 될 수 있다는 뜻입니다. 내가 타인과 연결되는 것만으로 스트레스를 느끼는 사람인지는 어떻게 알 수 있을까요? 먼저 나와 의미 있는 관계를 맺고 있는 사람을 떠올려봅니다. 그 사람과의 관계에 내가 다음과 같은 식으로 민감하게 반응할 때가 있는지 생각해보세요.

- 신체적으로든 감정적으로든 상대가 가까이 다가오거나 가까워지고 싶어하면 아주 미묘하게 갑갑해지는 느낌이 든다. 나도 그 정도로 가까운 거리를 원하는지 확신하기가 어렵다.

- 혼자서 뭔가를 하던 상황에서 상대와의 상호작용으로 넘어가야 할 때 약간 불편하거나 성가시다는 느낌이 든다.

- 상대가 나를 비판하거나 나무랄 것 같은 낌새가 느껴지면 이를 예민하게 알아차린다.

이 가운데 마음에 와닿는 게 있다면 당신은 이런 종류의 상호작용을 하느라 스트레스 수준이 높아져 있는 상태일지도 모릅니다. 이런 상황은 당신이 가장 의지하는 소중한 사람, 오래도록 애정 넘치고 생산적인 관계를 유지하고 싶어하는 대상과 떼려야 뗄 수 없는 관계에 있죠. 여기서 오는 스트레스는 다양한 방식으로 관계를 방해합니다.

예를 들어 스트레스를 받는 상태에서 스트레스의 이유가 되는 사람과 함께 무언가를 해나가야 한다면, 상대의 말을 해석하고 판단할 때 실수를 저지를 가능성이 높아지죠. 파트너에게 신경도 덜 쓰게 되고, 확실하지 않은 추측을 하게 되며, 태도와 몸짓 언어는 얼른 빠져나가려 하거나 은근히 위협하는 것처럼 보이게 됩니다.

가람과 리원은 만난 지 4년 된 커플입니다. 가람은 리원이 속상해할 때마다 스트레스를 받습니다. 그래서 어찌할 바를 모르고, 달래달라는 리원의 요구에도 제대로 반응하지 못하죠. 리원은 말로 안심시켜달라거나 함께 있어달라고 하는데, 가람은 그렇게 해주려고 노력하면서도 자기가 상대를 만족시킬 만큼 잘하고 있는지 확신하지 못합니다. 몸은 긴장한 나머지 딱딱하게 굳어지죠. 리원이 듣고 싶다는 말을 해줄 수는 있지만, 그의 눈에는 진심이 담겨 있지 않다는 게 드러나고 맙니다. 잘하고 있는지 자신이 없으니 내심 두렵고 불안하고, 이게 정말 상대가 듣고 싶어하는 말인가 하는 의구심이 듭니다. 저녁이면 리원이 낮에 속상한 일이 있었다고 하거나 얘기를 나누자고 할까 봐 회사에서 더 늦게까지 야근을 하곤 합니다.

가람의 뇌는 제대로 해내지 못할지도 모른다는 두려움과 위협감에 대처하느라 너무 바빠서, 리원이 속상해할 때 기본적인 방식으로조차 도움을 줄 엄두를 못 냅니다. 나중에 생각하면 바보 같은 처사라는 걸 잘 알지만, 그 순간에는 아무것도 할 수가 없습니다. 우리 뇌는 위험을 관리할 때 작동하는 방식이 있어서, 이런 실수는 위협감을 덜어주기보다 거의 항상 상대를 더 위협적이라고 인식하는 방향으로 이어집니다. 두려움이 자기실현적 예언[예상하는 방향대로 실현됨]으로 변하고 마는 것이죠.

요구되는 건 많은데 계속 실수만 저지르고 완전히 집중할 수가 없는 상황에 놓였다고 상상해볼까요? 당연하게도 이런 상황에선 최선의 모습을 보일 수 없을 겁니다. 게다가 파트너 또한 어떤 식으로든 불안정 애착이 있는 사람이라면, 둘 다 상황을 생각하고 상대방의 말을 해석하는 데서 많은 실수를 저지르게 되고, 그 결과 두 사람 다 더 큰 스트레스를 받게 되죠. 차라리 이런 상황을 피하고 다른 일로 도 망치고 싶어지는 것도 어쩌면 당연한 반응입니다.

회피형은 관계에서 주로 불평하는 쪽이 아닐 확률이 높지만, 그게 꼭 좋은 일만은 아닙니다. 관계란 원래 복잡한 것이며, 이럴 땐 이렇게 해야 한다고 답이 하나로 정해져 있는 것도 아니죠. 그러니 관계에서 저울이 한쪽으로 심하게 기울어지는 것은 좋지 않습니다. 지금 더 효과적으로 회피한다면, 나중에 더 많이 후회하게 된다는 뜻이죠.

문제는 무엇을 언제 처리하고 무엇을 뒤로 미룰지 구분하고 순서를 매기는 데 있지 않습니다. 진짜 문제는 당신이 회피 반응을 보이는 이유를 파트너에게 설명해주지 않을 때, 그게 다른 사람과 상호작용하는 데 걸림돌이 될 때 발생합니다.

회피 반응 목록

다음은 회피형이 관계에서 스트레스의 원인이 된다고 주로 호소하는 감정과 상황을 나열한 목록입니다. 하나씩 살펴보면서 내가 스트레스를 느낄 법한 항목을 골라보세요. 피하든, 물러나든, 딴생각을 하든, 멍해지든, 어떤 식으로든 주변 사람들과 덜 연결되었다고 느낄 만한 행동을 하게 되는 항목에 모두 동그라미를 쳐보세요. 목록에 없는 다른 항목이 떠오른다면 빈칸에 적어보아도 좋습니다.

나는 이런 기분을 느낄 때 스트레스를 받는다.

짜증날 때	실망스러울 때	판단당할 때
두려울 때	혐오스러울 때	외로울 때
부끄러울 때	묵살당할 때	갈망 / 욕망할 때
배신감이 들 때	시기심이 들 때	한계에 몰릴 때
비난받을 때	죄책감이 들 때	후회스러울 때
부담스러울 때	무력감을 느낄 때	거부당할 때
힐난받을 때	굴욕감을 느낄 때	억울할 때
혼란스러울 때	상처받았을 때	슬플 때
업신여겨질 때	무시당할 때	나 자신을 의심하게
비판받을 때	부족하다고 느낄 때	될 때
굴복당할 때	분통이 터질 때	스트레스가 쌓일 때
위신이 깎일 때	위축될 때	인정받지 못할 때
압도당할 때	용납이 안 될 때	불편할 때
폄하당할 때	질투가 날 때	걱정될 때

_____ _____ _____

_____ _____ _____

나는 이런 것을 원하거나 필요로 할 때 스트레스를 받는다.

지지	애정 / 온정	감사함
안전감	안정성	일관성
인정	누군가 나를 봐주고	공평함 / 상호성
평온함 / 조화	내 이야기를 들어줌	진지하게 받아들여짐
체계 / 질서	기분 좋은 연결감	의무에서 벗어남
_____	안정감	
_____	_____	_____

나는 관계에서 이런 것이 요구될 때 스트레스를 받는다.

내 속내를 털어놓아야 할 때	갈등을 관리해야 할 때	마음의 상처를 회복해야 할 때
내가 감정적 지지를 해주어야 할 때	약속하고 동의한 것을 명확히 할 때	내가 파트너를 이해해야 할 때
공동으로 의사를 결정해야 할 때	긍정적 습관을 들일 때	다른 관계를 관리할 때
동의한 사안에 대해 책임져야 할 때	경계선을 정해야 할 때	평가나 피드백을 주고받을 때
_____	_____	_____

나는 이런 것이 두려울 때 스트레스를 받는다.

자주성을	자유시간이	내 정체성을
잃어버릴까 봐	줄어들까 봐	잃어버릴까 봐
내 자리를	빙시닝일까 봐	따돌림당할까 봐
빼앗길까 봐	_____	_____
_____	_____	_____

잘하셨습니다! 이제 어떤 종류의 사건이 내 회피형 애착을 활성화하는지 알게 되었습니다. 선택한 항목을 죽 훑어보면서 내가 물러나게 되는 요인 중 가장 스트레스가 되는 항목 세 가지를 골라봅시다. 다음 과제에서는 이 세 가지 구체적 자극원인, 즉 트리거를 중점적으로 다뤄보겠습니다.

예: 관계에서 갈등 관리가 요구될 때 스트레스를 받는다.

1. _____

2. _____

3. _____

회피의 장단점

이제 앞의 과제에서 찾아낸, 내가 물러서거나 피하게 되는 트리거 세 가지를 자세히 살펴볼 차례입니다. 1~3번 옆에 세 가지 트리거를 하나씩 적어봅시다. 그런 다음 아래 보기에서 내가 보이는 반응에 체크 표시를 해보세요. 마지막으로 이런 행동이 관계에 어떤 식으로 긍정적인 영향이나 부정적인 영향을 미치는지 생각해봅니다.

1. _____

　　　이런 일이 일어날 때 나는······

☐　　뒤로 물러난다.

☐　　무시한다.

☐　　다른 일에 집중하거나 주의를 딴 데로 돌린다.

☐　　멍해지거나 자리를 떠버린다.

☐　　내 의견이나 상대방의 의견을 묵살한다.

☐　　내 경험이나 상대방의 경험을 부정한다.

☐　　정당화하거나 합리화한다.

☐　　관계없는 것에 관해 설명한다.

☐　　결론 없이 일단 상황을 무마한다.

☐　　기타: _____

이렇게 행동해서 얻는 것은 무엇인가요?

_____

_____

이렇게 행동해서 놓치는 것은 무엇인가요?

_____

_____

이 트리거에 더 생산적으로 반응하려면 어떻게 해야 할까요?

_____

_____

2. _____

이런 일이 일어날 때 나는……

☐ 뒤로 물러난다.

☐ 무시한다.

☐ 다른 일에 집중하거나 주의를 딴 데로 돌린다.

- ☐ 멍해지거나 자리를 떠버린다.
- ☐ 내 의견이나 상대방의 의견을 묵살한다.
- ☐ 내 경험이나 상대방의 경험을 부정한다.
- ☐ 정당화하거나 합리화한다.
- ☐ 관계없는 것에 관해 설명한다.
- ☐ 결론 없이 일단 상황을 무마한다.
- ☐ 기타:

이렇게 행동해서 얻는 것은 무엇인가요?

_____

_____

이렇게 행동해서 놓치는 것은 무엇인가요?

_____

_____

이 트리거에 더 생산적으로 반응하려면 어떻게 해야 할까요?

_____

_____

3. _____

이런 일이 일어날 때 나는……

☐ 뒤로 물러난다.

☐ 무시한다.

☐ 다른 일에 집중하거나 주의를 딴 데로 돌린다.

☐ 멍해지거나 자리를 떠버린다.

☐ 내 의견이나 상대방의 의견을 묵살한다.

☐ 내 경험이나 상대방의 경험을 부정한다.

☐ 정당화하거나 합리화한다.

☐ 관계없는 것에 관해 설명한다.

☐ 결론 없이 일단 상황을 무마한다.

☐ 기타: _____

이렇게 행동해서 얻는 것은 무엇인가요?

_____

_____

이렇게 행동해서 놓치는 것은 무엇인가요?

_____

_____

이 트리거에 더 생산적으로 반응하려면 어떻게 해야 할까요?

_____

_____

이런 행동은 모두 학습된 것임을 기억하세요. 당신 잘못은 절대 아니지만, 그렇다 해도 결과는 오롯이 당신의 몫입니다. 이런 반응이 가져다주는 결과에 만족한다면 계속 그렇게 해도 괜찮습니다! 하지만 더 이상 결과를 감당하기 어렵다면 그런 결과를 부르는 행동에 변화를 주는 것도 당신에게 달린 일이죠.

타인의 회피형 애착 인식하기

당신이 이런 회피 행동을 보이는 성향은 아니지만, 그런 사람과 관계를 맺고 있을 수도 있습니다. 다음 내용은 회피형인 상대방을 이해하고 거기 맞춰 대응하는 데 도움이 됩니다.

상대가 회피형 애착일 때 드는 느낌

회피형 애착 패턴을 드러내는 사람을 대할 땐 그 사람의 참여나 지지가 요구되거나 기대될 때 아무것도 내놓지 않는 벽을 보는 듯한 느낌이 들 수 있습니다. 회피형 애착에 대한 불만 가운데 가장 흔한 걸 꼽자면 다음과 같습니다.

- 문제에 대처하기를 꺼린다.
- 한 사람에게 정착하기를 망설인다.
- 자기 감정을 잘 모른다.
- 정신이 '딴 데'가 있거나 몸을 뒤로 뺀다.
- 속내를 드러내지 않거나 소통을 거부한다.
- 상대방에게 말하지 않고 일을 처리한다.

한마디로 이런 패턴은 당신의 회피형 친구, 가족 또는 파트너가 당신을 신경 쓰지 않는다는 느낌을 줍니다.

그렇다면 당신은 어떻게 대처해야 할까요? 실제로는 그렇지 않다는 점을 한 번씩 되새길 필요가 있습니다. 회피형은 애착 관계에서 편안함을 느끼기 어려우며, 어릴 때부터 알고 지내지 않은 이상 그 사람은 당신을 만나기 한참 전부터 그런 식으로 지내왔죠. 그저 그 사람에게 특히 스트레스를 주는 것들이 있는 거고, 당신은 그 이유가 아니라는 걸 알 필요가 있습니다.

회피 행동이 미치는 영향

특정 인물에게 지지나 도움을 받고 싶었지만 그 사람이 곁에 있어주지 않았거나, 있기는 했어도 진심이 느껴지지 않았던 때를 떠올려보세요.

어떤 일이 있었나요?

_____

_____

_____

_____

그때 어떤 감정을 느꼈나요?

_____

_____

_____

_____

어떤 생각을 했나요?

_____

_____

_____

_____

그 일을 겪을 때 내 몸은 어떻게 반응했나요?

_____

_____

_____

_____

회피형 애착에 대응하는 법

회피형 애착인 사람은 누군가에게 너무 깊이 기댄다는 생각만으로도 공황에 빠지거나 불편함을 느낄 수 있습니다. 이런 불편함은 약간의 스트레스에서 본격적인 위협 반응까지 다양한 형태로 나타나죠. 다양한 종류의 인간관계, 특히 본질적으로 진지할 수밖에 없는 관계는 회피 성향을 자극하는 원인입니다. 이런 식으로 트리거가 건드려진 사람의 친구, 파트너, 동료, 가족으로서 당신이 할 수 있는 일은 무엇일까요? 바로 앞에서 해본 과제를 통해 회피 반응에 대응하기가 쉽지 않다는 걸 새삼 깨달았을지도 모르겠네요.

가장 먼저 할 일은 안정과 편안함을 원하는 그 사람의 욕구를 진지하게 받아들이는 것입니다. 감정이 격앙된 상황에서 상호작용한다는 위험 부담을 짊어지는 것은 당신에게는 간단해 보일지 몰라도 회피형인 사람에게는 그리 쉬운 일이 아니거든요. 이들에게는 감정적으로 버거운 주제로 대화를 이어가는 행위 자체가 일주일 동안 일어난 모든 일 중 가장 어려운 것일지도 모릅니다.

파트너가 안전하다고 느낄 수 있게 해주면, 당신이 원하는 것을 얻는 데도 도움이 됩니다. 상호작용을 하는 동안 회피형인 상대가 안전하다고 느낄 기회를 주면 당신이 중요하게 여기는 대화나 공동의 계획도 더 잘 풀리게 되죠. 신경계가 위협에 대처하고 있을 때 인간의 뇌는 복잡한 작업, 즉 효과적 협업에 필요한 종류의 섬세한 작업을 동시에 처리하기가 어렵습니다.

어떨 때 안전하다고 느끼는지 타인의 마음을 읽을 수는 없지만, 어디를 살펴야 하는지 알면 뭔가가 잘못되었을 때는 거의 항상 눈치챌 수 있습니다. 애착 유형과 관계없이 누구에게나 관용의 창window of tolerance이 있습니다. 관용의 창이란 생리적 활성화 정도란 게 적당해서 신경계가 가장 효율적으로 기능할 수 있는 이상적 범위를 가리키는 개념입니다. 누군가가 이 범위에서 벗어났다는 생리적 징후―즉 흥분도가 너무 높거나 낮은 모습―를 보이면 대체로 이들의 신체가 실제 또는 상상 속 위험을 해석하고 있다는 신호라고 보면 됩니다. 회피형 애착은 자기가 느끼는 괴로움을 말로 표현하지 않을 가능성이 크므로 이 개념을 알아두면 매우 유용합니다.

까다로운 주제를 다룰 때는 두 사람 모두 관용의 창 안에 있을 때 대화가 잘 흘러갈 확률이 가장 높습니다. 회피형 애착인 사람과 감정이 얽힌 대화를 나눌 때는 다음 요령을 활용해보세요.

- 우호적 관계를 형성하세요. 파트너가 당신의 좋은 의도를 당연히 알아줄 거라고 지레짐작하면 안 됩니다. 처음부터 명확하면서도 위협적이지 않은 방식으로 호의가 전달될 수 있게 가볍게 접촉하거나 눈을 맞춰보세요.

- 중요한 건 타이밍입니다. 앉은 자리에서 전부 해결하려고 들다가 나 자신이나 상대방을 관용의 창 바깥으로 밀어내는 것보다는 조금이라도 원하는 대화를 나누고 작은 성과를 자축하며 나머지는 다음을 기약하는 편이 낫습니다.

- 파트너가 한계에 봉착하는 순간을 알아차릴 수 있도록 표정과 몸짓 언어를 읽는 법을 연습해보세요. 관용의 창을 이해하는 법을 배우면 상대방의 스트레스 신호가 명확히 보입니다. 신경계가 지나치게 흥분하면 말이 빨라지거나 조급해지고, 헤드라이트에 놀란 사슴 같은 표정을 짓는가 하면, 호흡이 가빠지고, 몸을 떨거나 흔들게 됩니다. 반대로 흥분도가 너무 낮으면 눈이 흐려지고, 멍하거나 텅 빈 표정을 지으며, 말이 꼬이거나 느려지고, 자세가 무너지고, 갑작스레 냉담한 태도를 보이게 됩니다.

- 파트너가 관용의 창을 벗어나고 있다는 낌새가 느껴지면 즉시 속도를 늦추세요. 가능하다면 미리 안심할 수 있는 말이나 행동을 정해두는 편이 좋습니다. 다정한 미소와 짧은 휴식만 있으면 계속 대화를 이어갈 수 있는 사람도 있습니다. "지금 잘하고 있어. 천천히 해도 괜찮아." 이렇게 다독이는 말이 잘 통하는 사람도 있고요. 어떤 사람은 손을 잡거나 안심할 수 있는 신체 접촉을 하는 걸 선호하기도 합니다.

이쯤 되면 '근데, 이건 신경이 너무 많이 쓰이잖아!'라고 생각하실지도 모릅니다. 틀린 말은 아니죠. 사람을 대하는 일엔 가끔 노력이 좀더 필요할 때가 있습니다. 하지만 경험과 연습이 쌓이면 이것도 점점 수월해집니다. 가치 있는 일에는 공부와 연습이 필요하기 마련이고, 인간관계도 예외는 아니죠.

마지막으로 자기 자신을 살피는 것도 잊지 마세요. 앞의 과제로 다시 돌아가서 내가 상대방의 회피 행동이나 거리 두기에 어떻게 반응하는지 살펴보세요. 상처받거나, 화를 내거나, 비판하거나, 억울해하거나, 책망했나요? 강한 반응을 보였다면 한 발짝 물러나서 나 자신을 돌볼 필요가 있습니다. 오로지 내가 충만하게 채워져 있을 때, 내어주면서 스스로 에너지를 얻을 수 있을 때에만 손을 내밀어 타인을 지지해줄 수 있으니까요.

부정적 반응 다루기

회피형 때문에 좌절하는 일이 많았다면, 이번 과제에 주목해봅시다. 최근 내가 필요로 할 때 상대방이 뒤로 물러나는 바람에 부정적 반응을 보였던 경험을 떠올려보세요. 몸은 어떤 자세를 취하려 했나요? 어깨가 딱딱하게 굳었나요? 가슴을 불쑥 내밀었나요? 배가 조여들었나요? 주먹을 틀어쥐었나요? 아니면 이 가운데 두세 가지가 한꺼번에 나타났나요?

　이제 몸 전체를 써서 내가 기억하는 몸짓을 훨씬 더 과장된 방식으로 재현해본 다음 숨을 세 번 내쉴 동안 그대로 유지해보세요. 예를 들어 목을 쭉 뽑고, 턱에 힘을 주고, 주먹을 틀어쥔 기억이 났다면 숨을 세 번 쉬는 동안 이 자세를 그대로 유지해봅니다. 숨을 세 번 내쉬는 동안 그 당시에 든 생각이나 믿음, 이를테면 '나한테는 신경도 안 쓰네' 같은 말을 떠올립니다. 세 번째 숨을 내쉬면서 이 모든 생각도 한꺼번에 쏟아내세요. 목과 턱, 주먹에 힘을 빼고, 마음도 깨끗이 비웁니다. 다 쏟아내고 난 뒤 어떤 생각이 드는지 살펴보세요.

내가 보인 부정적 반응을 떠올리면서 같은 과정을 두 번 더 반복합니다. 다 끝난 뒤 어떤 생각이 들었는지 짤막하게 적어보세요.

_____

_____

_____

_____

이 연습을 두 번, 세 번 반복할 때 부정적 반응은 더 강렬해 졌나요, 약해졌나요, 아니면 그대로였나요? 왜 그랬다고 생각하나요?

_____

_____

_____

_____

수용하는 법 배우기

2장에서 함께 살펴보았듯 수용이란 현재나 과거의 사건을 바꾸려고 들지 않고, 있는 그대로 받아들이는 것입니다. 수용을 연습하다 보면 현실에 맞서려는 싸움을 그만두어야겠다는 분별력이 생깁니다. 대신 가능한 한 내 경험과 행동에 책임을 지고, 내가 소중히 여기는 가치에 따라 선택지를 고르고자 하게 되죠. 세상일이 대개 그렇듯 변화는 나 자신에게서 시작됩니다.

자기 수용

어린 시절 몸에 익힌 바람직하지 못한 특성을 떠올리다 보면, 어느새 자기를 비판하거나 타인과 비교하게 될 때도 있습니다. '글쎄, 우리 언니도 같은 부모 밑에서 자랐는데 나 같은 회피형은 아니잖아.' 우선 이런 비교는 대체로 정확하지 않습니다. 다른 사람의 인간관계가 어떤지 나라고 전부 알 수는 없으니까요. 둘째, 비난이나 비교는 불필요한 압박감과 스트레스를 유발해서 내가 이미 애를 먹고 있는 문제를 한층 더 악화시킵니다. 결국 악순환의 고리가 될 뿐이죠.

차라리 과거의 나를 용서하고, 너무 뼛속 깊이 새겨져 있어 스스로도 어떻게 할 수 없는 반사적인 감정과 생각을 품게 된 나 자신을 받아들이려고 노력해보세요. 내 이런저런 면을 따스하고 다정하게 받아들이는 것은 이 책에서 얻어갈 수 있는 가장 큰 선물입니다.

회피형 아이의 내면 탐구하기

이번에는 애착 행동의 뿌리가 된 인생 초기 경험을 살펴보며 공감하는 짧은 상상 여행을 떠나볼까 합니다. 상상력을 발휘해서 어린아이의 감정과 신체 감각을 느껴보세요.

당신이 아기라고 상상해봅시다. 방금 배부르게 먹었고, 엄마는 당신을 다시 눕혀줍니다. 따스한 품에서 차가운 침대로 옮겨지고 엄마의 얼굴이 사라지는 것을 본 당신은 겁을 먹기 시작합니다. 엄마가 어디로 가는지, 돌아올지 어떨지 모르거든요. 그래서 보호받지 못하고 안전하지 않다고 느낍니다. 당신은 엄마가 돌아오기를 바라며 몸을 움츠리고 울음을 터뜨립니다. 엄마가 보이지 않자 더 크게 울면서 상황이 달라지기를 바라지만, 그렇게 되지 않죠.

엄마는 당신의 울음소리를 무시합니다. 나쁜 뜻에서 그러는 게 아닙니다. 엄마는 당신이 배부르고 따뜻하며, 기저귀도 보송해서 불편한 데가 없다는 걸 알고 있습니다. 위험할 것도 없으며, 이제 잘 시간이라고 생각하는 거죠. 아기도 혼자 잠드는 법을 배워야 하니까요.

결국 당신은 무서울 때 아무도 와주지 않는다는 사실을 깨닫고, 소용이 없으니 울음을 그칩니다. 대신 손가락을 빨면서 자신을 달래고, 아직 초점이 맞지 않는 눈으로 주변을 바라보며 뒤척이다 잠이 듭니다. 다음번 젖 먹을 시간까지는 이렇게 버틸 수 있겠죠. 하지만 슬프게도 요람 안에 누운 당신은 근본적 소통을 원하는 본능적 욕구가 타인에게 무시될 수 있으며 자신도 남의 욕구를 무시할 수 있다는 교훈을 배웁니다.

자라서 어린이가 된 당신은 혼자 시간을 보내는 데 훨씬 더 익숙해져서 혼자 놀고, 혼자 상상하며, 자기 욕구를 알아서 새롭니다. 비밀 내아밀로 끼깅 인간히디고 느끼는 시간이죠. 혼자만의 시간은 당신이 세상에 시달렸다고 느낄 때 돌아가는 본거지입니다. 나이를 먹어감에 따라 독서나 비디오 게임, 그림 그리기 등의 활동을 배우며 혼자 시간을 보낼 방법은 더 다양해집니다. 당신은 타인과 거의 상호작용하지 않고도 마음속에서 세상 전체를 만들어낼 수 있습니다. 남들은 당신을 실망시킬지 몰라도 혼자만의 시간은 그럴 리 없죠.

앞 내용을 읽으며 어떤 감정을 떠올렸고 어디에 공감했나요?

_____

_____

_____

_____

이 이야기 속의 아이에게 어떤 공감의 말을 건네고 싶나요?

_____

_____

_____

_____

이 아이에게 직접 말을 걸 수 있다면 어떤 조언을 해서 도움을 주고 싶은가요?

_____

_____

_____

_____

타인 수용하기

회피형 애착에 속하는 사람과 관계를 유지하는 데는 어려움이 따릅니다. 이들은 읽기 어렵고, 직설적 의사소통을 꺼리며, 필요할 때 옆에 있어주지 않을 때가 있기 때문이죠. 타인을 받아들인다는 건 그들의 행동이 당신에게 부정적 영향을 끼쳐도 이를 용인하거나 기꺼이 허용한다는 뜻이 아닙니다. 그들이 달라지기를 바라는 당신의 바람을 밀어붙이지 않고, 그들의 행동과 태도를 인정한다는 의미죠. 자기 수용과 마찬가지로 타인을 수용하는 행위 또한 호기심과 변화를 환영하는, 비판하지 않는 공간을 마련해줍니다.

공감을 실행에 옮기기

이번 과제는 실망스럽거나 기운 빠지는 회피 행동을 맞닥뜨렸을 때 도움이 됩니다. 살면서 내가 필요로 할 때 중요한 사람이 곁에 있어주지 않았거나 제대로 신경을 써주지 못했던 기억을 떠올려보세요. 되도록 현재 진행 중인 사건이 아닌 걸 고릅시다.

중요한 사람이 나를 홀로 내버려두었다고 느낀 사건은……

_____

_____

_____

그렇게 행동하는 대신 그 사람에게 내가 바란 건……

_____

_____

_____

그 상황에서 그 사람도 스트레스를 느꼈을 만한 개인적 사정이 있다면……

_____

_____

_____

그 사람이 스트레스를 받았으리라고 생각하는 근거는……

_____

_____

_____

그 사람은 자기가 _____ 하다고 여겼거나 내가 자기를 그런 눈으로 본다고 믿었다. 하지만 실제로 그 사람은 여전히 _____ 하는 법을 배우는 중이며, 나도 그가 항상 잘해낼 수는 없음을 이해한다. 너무 압박을 느끼면 그 사람은 _____ 할 수도 있다. 그래서 반사적으로 반응하며 자기가 나한테 얼마나 필요한 존재인지를 잊어버리기도 한다.

여러 사건을 떠올리며 이 과제를 반복해서 연습하는 것도 좋습니다. 연습하다 보면 실시간으로 일어나는 비슷한 사건에 대처하는 요령이 생기고, 회피형 파트너를 더 깊이 이해하고 그의 처지에 공감할 수 있게 됩니다.

건강한 의사소통

회피형 애착인 사람은 대부분 갈등에 불편함을 느끼고, 갈등 관리를 피하려 합니다. 갈등이 표면화되면 이들은 불안과 스트레스를 느끼며 어떤 식으로든 회피하는 반응을 보이죠. 자기 주장을 펼 때 어떤 방식이 바람직한지를 아예 모르는 사람도 있습니다. 그래서 주장을 관철하기 위해 자기 이야기를 털어놓기보다는 추상적 개념과 외부적 권위에 기대려고 하죠. 하지만 회피형은 자기 상황과 스스로 원하는 바를 명확히 알 때조차 상황이 마무리되기 전에 포기해버리는 경우가 있습니다. 주장을 내세우면서 타인과 협력하는 일 자체가 너무 숨 막히고 부담스럽게 느껴지기 때문이죠.

상담실에서 저는 갈등에 위축되거나 심지어 두려움을 느끼는 사람들을 자주 만납니다. 상대방이 '벗어나지 않게끔' 하는 데 도움이 되는 방법 하나는 한 번에 한 가지 주제만 다루는 것입니다. 갈등에 대처하는 기본 규칙을 정할 때 이 점을 파트너와 미리 합의해두기를 적극 추천합니다. 아, 기본 규칙을 미리 정하는 것이 바람직하다고 말씀드렸던가요? 이것도 아주 중요합니다!

다라와 규리는 저와 몇 달간 상담을 진행한 커플이었

습니다. 두 사람은 서로 다른 불안정 애착 유형이었습니다. 다라는 회피형이었고, 규리는 불안형에 가까웠죠. 다툼이 벌어지면 규리의 불안이 대화 내용의 대부분을 차지했고, 다라는 허덕이며 자기를 방어하다 결국 압도돼 포기해버리고 말았습니다. 다라는 억울해했고, 규리는 간절히 원하는 소통과 지지를 느낄 수 없어 답답해했죠. 이대로는 오래갈 수 없다는 사실을 깨달은 둘은 협의하에 대화 주제를 한 가지로 한정하기로 했습니다. 다음은 협의 직후 있었던 상담에서 두 사람이 나눈 대화입니다.

"내 생각엔 집이 이것보단 좀더 깔끔해질 수 있을 것 같아." 다라가 말했습니다.

"자기는 내가 깔끔하게 유지하려는 노력을 안 하는 것 같아?" 규리가 되물었죠.

두어 달 전이라면 다라는 이 말을 규리가 자기 의견에 귀 기울일 마음이 없다는 신호로 받아들였을 겁니다. 하지만 이젠 갈등을 다루는 데 있어 자기 몫을 다하기 위해 노력하기로 한 다라는 계속 말을 이었습니다. "노력하는 거 알아. 우리 중에 누가 잘못해서 집이 어질러진다든가 그런 얘기가 아니야. 나도 잘 잊어버리는데 뭐. 그냥 조금 더 깨끗한 집에 살고 싶다는 얘기야."

규리가 답했죠. "알았어. 좀더 노력해볼 수 있지. 근데 자기는 설거지도 대충대충 하고 일할 때 쓰는 물건을 온 사방에 널어놓는 거 알아?"

예전 같으면 이럴 때 다라는 비난받는다고 생각하며 대화를 계속할 의욕을 잃고 좌절했을 겁니다. 하지만 이번엔 심호흡을 하고 한 걸음 더 내디뎠습니다. "어떻게 하면 내가 좀더 행복해질지 들어볼래?" 그렇게 말하곤 잠시 말을 멈추고 대답을 기다렸죠.

"그래, 뭔데?"

다라는 엄청난 노력을 기울여 말을 이었습니다. "나는 주중에도 우리 거실이랑 주방이 정돈된 상태면 정말 좋겠어. 주말에 대청소하기 전에도. 그러면 기분이 완전히 달라질 것 같아."

"그렇지만 나는 주중에 친구들 만나러 나갈 때가 많아서 언제 집에 있을지 잘 몰라." 규리가 대답했습니다. "자기는 주로 주말에 친구 만나러 나가잖아. 가끔은 주말에 자기 얼굴이나 볼 수 있는지 잘 모르겠을 정도야. 어쩌다 주말인데 집에 있다 싶으면 게임만 하고."

이 지점에서 규리의 초점은 정리 정돈이라는 주제에서 늘 하는 불평, 즉 다라와 충분히 시간을 보내지 못한다는 문제로 넘어가버렸습니다.

다라가 흐름을 다시 가져올 만한 말을 하지 않으면 제가 할 참이었죠. 두 사람이 앞으로 나아갈 추진력을 잃지 않기를 바랐거든요. 하지만 제가 끼어들 필요가 없었습니다.

"내 게임 이야기는 다음에 다시 시간 내서 하자. 지금은 집 치우는 이야기를 하는 중이니까. 그러니까, 주말까지 어질러진 집을 견디면서 살지 않아도 되게끔 주중에 거실이랑 주방을 치울 방법을 마련하자는 게 내 생각인데, 자기 생각은 어때?"

"어, 좋아. 해볼 만한 것 같아. 세부 사항은 좀 조정해야겠지만."

이 뒤로 두 사람은 탈 없이 이야기를 마쳤습니다.

관계 패턴을 바꾸려면 인내심이 필요할 때가 있습니다. 이야기가 덜걱거릴 때마다 다라는 대화의 운전대를 꽉 붙들었죠. 초점과 협동심을 유지하며 대화를 이끌었고, 자신의 회피 패턴에 발목을 잡히지도 않았습니다. 이런 기술이 하루아침에 익혀지는 건 아니지만, 다라는 같은 싸움을 반복했다가는 관계 자체가 흔들린다는 점을 잘 알았죠. 그는 시간을 들여 앞으로 나아갈 자신감을 찾았습니다. 반사적 반응을 줄이고 귀 기울이려 노력하는 규리의 모습을 보는 것도 다라가 자기 목소리를 내는 데 도움이 되었고요.

욕구와 소망 탐색하기

앞의 사례에서 다라는 대화가 샛길로 빠질 때마다 본론으로 적절히 되돌려놓았습니다. 여기에는 복합적인 기술이 필요하지만, 복잡한 일도 한 걸음부터죠. 다라가 가장 먼저 한 일은 십이 정돈되었으면 좋겠다는 자신의 우선적 욕구를 더 명확하게 인식하는 것이었습니다.

이제 우리도 관계에서 완전히 채워지지 않는 느낌을 탐색해볼 차례입니다. 확 떠오르는 문제가 없다면 사소한 것이라도 괜찮습니다. 관건은 그 관계에서 내가 무슨 생각을 하고 무엇을 바라는지 탐색해보는 것입니다.

이 관계에서 내가 만족하지 못하는 점은……

_____

_____

_____

_____

_____

내가 행복해지기 위해 바라는 변화는……

_____

_____

_____

_____

_____

내가 원하는 대로 바뀐다면 내 감정은……

_____

_____

_____

_____

_____

이 문제에 관해 내 주장을 펴지 않는다면, 장기적으로 관계에 어떤 영향이 있을까?

_____

_____

_____

_____

_____

배점 기준 이 문제에서 내 주장을 관철하기 위해 나는 얼마나 노력할 수 있을까? (동그라미 쳐보기)

1 — 2 — 3 — 4 — 5 — 6 — 7 — 8 — 9 — 10

거의 안 함 　　　　　　　　　　　　　　　　전력을 다함

다라는 대화에서 좌절감이 들기 시작해도 포기하지 않았습니다. 규리의 애착 유형에 관해 배웠기에 의도적으로 자신을 비난하거나 일부러 대화의 초점을 바꾸는 게 아니란 걸 알았죠. 사람마다 애착 관계에서 오는 스트레스의 영향을 받는 정도는 다르며, 그로 인해 대화가 중심을 잃고 산만해지기도 한다는 점을 깨달은 겁니다. 더불어 대화가 딴 길로 새서 둘 다 기분이 상한 채 저녁을 보내게 될 일이 없도록 두 사람이 갈등을 좀더 질서 있게 다루기로 했다는 사실도 잊지 않았죠.

그래서 다라는 규리의 말이 비난과 비판으로 들릴 때 포기하지 않고 이렇게 말할 수 있었습니다.

"노력하는 거 알아. 둘 중에 누구 탓으로 집이 어질러진다든가 그런 얘기가 아니야. 나도 잘 잊어버리는데 뭐. 그냥 조금 더 깨끗한 집에 살고 싶다는 얘기야."

"어떻게 하면 내가 좀더 행복해질지 들어볼래? (…) 나는 주중에도 우리 거실이랑 주방이 정돈된 상태면 정말 좋겠어. 주말에 대청소하기 전에도. 그러면 기분이 완전히 달라질 것 같아."

"내 게임 이야기는 다음에 다시 시간 내서 하자. 지금은 집

치우는 이야기를 하는 중이니까. 그러니까, 주말까지 어질러진 집을 견디면서 살지 않아도 되게끔 주중에 거실이랑 주방을 치울 방법을 마련하자는 게 내 생각인데, 자기 생각은 어때?"

문제 제기하기

이번 과제에서는 앞 과제에서 적은 문제에 관해 자기주장을 펴는 법을 연습해보겠습니다. 이 대화의 목표는 다음과 같습니다.

- 한 주제에 집중하기
- 초점 유지하기
- 존중과 안정감 전달하기
- 양쪽에게 이로운 합의점 찾아내기

대화 중에 흔히 발생하는 다음 문제들에 어떻게 대처하면 좋을지 생각해서 적어보세요.

파트너가 공격받았다고 느끼고 나를 비난할 때:

_____

_____

_____

_____

파트너가 과거 일을 끄집어내서 나를 탓하려고 할 때:

_____

_____

_____

_____

파트너가 전혀 상관없는 주제로 불만을 제기하며 맞받아치려 할 때:

_____

_____

_____

_____

본인이나 파트너가 회피형일 때 건강한 의사소통 방식의 기술을 찾아내고 익히는 데는 시간과 노력이 필요하지만, 그만큼 관계는 확실히 나아집니다. 다라처럼 심호흡을 하고 버텨야 할 때가 있을지도 모르지만, 시간이 갈수록 점점 쉬워질 겁니다.

유대감 강화하기

우리는 이 세상에서 안전하다고 느끼고 우리가 의지하는 사람과 연결감을 느끼기 위해 애착을 형성합니다. 이런 유대감은 우리가 살아가며 의지할 생명줄이 되기도 하죠. 인간관계를 더 풍성하게 만끽할 수 있도록 이런 연결을 더 굳건히 하려면 어쩌다 올라오는 애착 스트레스를 잘 관리하는 것이 중요합니다. 다음 과제는 나, 나아가서는 파트너의 애착 스트레스를 확인하는 데 도움이 됩니다. 스트레스를 더 명확히 인식하는 것은 갈등을 함께 헤쳐 나가기 위한 첫걸음입니다.

스트레스 점수표

희수는 지난해 시유와 약혼했고, 결혼을 준비하는 과정에서 회피형 애착 성향이 드러났습니다. 시유는 결혼 계획을 세우는 데무척 적극적이었습니다. 마땅히 그래야 한다고 생각했던 희수도 같이 계획을 세우겠다고 여러 번 약속했지만, 실제로 시간을 낸 적은 없었습니다. 사실은 계획 세우기를 좋아하지 않는데다, 스스로 어떤 결혼식을 원하는지, 예산을 얼마나 댈 수 있는지 확신할 수 없었기 때문이죠. 희수는 돈 문제로 인한 불안감을 떨치려고 초과 근무를 시작했지만, 시유에게는 그런 사정을 거의 털어놓지 않았습니다. [사정을 모르는] 시유는 날이 갈수록 점점 더 조바심이 났고, 희수가 결혼에 진지하지 않다는생각에 상처를 받았습니다.

이와 같은 상황은 갈등으로 번지기 쉽습니다. 회피형 애착인 파트너가 어떤 식으로 스트레스를 경험하는지 정확히 이해하지 못하기 때문이죠. 이번 과제는 회피형 애착이 스트레스를어떤 식으로 느끼는지를 정확히 알아차리는 데 유용한 표 만들기입니다. 희수의 회피 행동에 기반해 만든 다음 예시를 참고하세요.

이름	그 상황을 어떤 식으로 경험했나요?	어떤 점이 스트레스였나요 (애착 유형을 고려해서)?	스트레스 강도 (1~10)
희수	돈 문제로 스트레스를 받았고, 결혼 자금을 모으려고 초과 근무를 하면서 상황에 대처하려 했다. 시유는 돈에 별로 신경 쓰지 않는 눈치여서 내 처지를 이해해주리라는 생각이 들지 않았다.	돈에 관한 스트레스.	5 보통
		내가 시유를 실망시킬지 모른다는 두려움.	9 매우 심함
		계획을 잘 세우지 못한다는 걱정.	7 심함

희수는 (중간 정도부터 매우 심한 것까지) 다양한 스트레스를 느꼈지만, 그중 어느 것도 시유에게 직접적으로 말하지 않았고, 시유도 이를 눈치채지 못했습니다. 스트레스의 원인을 명확히 밝히는 대화를 나누었다면, 두 사람 모두 무엇이 문제인지를 이해하는 데 도움이 되었겠지요.

이제 나나 파트너의 회피 행동을 불러일으킨 상황을 떠올리며 직접 스트레스 점수표를 만들어볼 차례입니다.

이름	그 상황을 어떤 식으로 경험했나요?	어떤 점이 스트레스였나요 (애착 유형을 고려해서)?	스트레스 강도 (1~10)

　나나 내가 사랑하는 사람이 회피 행동을 보일 때마다 이 표를 작성해보면 도움이 될 겁니다. 특히 스트레스의 원인을 두 사람이 같은 시각에서 바라보고 있는지 확인하는 데 매우 효과적이죠.

핵심 요약

O 회피형 애착은 애착(의존)이라는 행위 자체에서 쉽게 스
트레스를 느끼고, 그것이 자극이 되어 애착 반응을 무시하
거나 회피하는 행동과 패턴을 보이는 상태를 가리킵니다.

O 회피형 애착을 대할 때는 갈등 해결보다 안전과 스트레스
해소를 먼저 고려하는 편이 효과적입니다.

이 책에서 익힐 수 있는 기술은 다음과 같습니다.

◆ 논의할 주제를 꺼내고 대화가 주제에서 벗어나지 않게 유
지하는 법.

◆ 회피 반응 목록(115쪽)을 활용해서 회피 반응을 유발하는
경험이 무엇인지 알아내는 법.

◆ 파트너가 관용의 창을 벗어나는 순간을 인식하고 거기 대
처하는 법.

4장. 안정형 애착

이제 마침내 안정형 애착, 즉 우리 모두가 원하는 건강한 관계의 모범이 되는 유형을 살펴볼 차례가 되었습니다. 안정형 애착이거나 노력해서 안정형이 된 사람은 친밀한 이들에게 애착을 느끼거나 의지할 때 부가적인 스트레스를 느끼지 않는 편입니다. 애착 테스트 결과 이 유형이 아니었다고 해도, 이번 장의 내용을 살펴보며 안정된 상태일 때 무엇이 좋은지를 배울 수 있습니다.

안정형의 특성

안정형 애착인 사람은 다음과 같은 특징을 보입니다.

- 새로운 정보와 변화하는 환경에 쉽게 적응한다.
- 인간관계를 희망적으로 받아들이고 잘 활용한다.
- 관계에 상처나 틈이 생겼을 때 이를 복구하려고 노력한다.
- 관계에서 다양성이나 복잡성을 거리낌 없이 받아들인다.

안정형 애착에 속하는 사람은 상황이 복잡하거나 갈등이 생겼을 때도 명확하게 생각하고 판단할 수 있습니다. 타인과 친밀해진다고 해서 신경계가 스트레스를 받는 게 아니므로 가까운 거리와 친밀함에 의해 촉발되는 불필요한 불안으로부터 자신을 방어할 필요가 없죠. 덕분에 연애 파트너나 가족 구성원, 친한 친구와의 문제를 해결하는 데 집중할 수 있습니다. 인간의 보편적 욕구인 타인과의 유대가 전반적으로 더 매끄럽고 기분 좋게 받아들여진다는 뜻입니다.

상담실을 찾아왔던 내담자 중 안정형 애착 성향이 강했던 이들의 사례를 한번 살펴보죠.

보라는 작년에 연이어 닥친 비극과 불운을 견뎌야 했습니다. 직장에서는 정리 해고를 당했고, 모친을 암으로 여의었죠. 몇 달 뒤 보라 부부는 산불로 집마저 잃었습니다. 끔찍한 소식이 차례로 닥치는 동안 보라는 남편과의 관계에 의지해 안정감을 느끼며 버텼습니다. "둘 다 힘든 시간을 보냈지만, 우리가 결국 헤쳐나갈 수 있으리란 걸 알고 있었어요." 보라가 말했습니다. "남편이 없었다면 어떻게 했을지 모르겠어요."

자기 일을 사랑하는 소프트웨어 엔지니어 호선은 팀원들과 매우 바람직한 업무 관계를 맺고 있었습니다. 같은 팀 동료들이 새 회사를 차리는 모험에 함께하자고 했을 때 위험을 무릅쓰기를 꺼리는 편이었던 호선은 한동안 망설였죠. 쉬운 결정은 아니었지만, 그는 결국 하기로 했습니다. 동료들과의 관계가 소중했을 뿐 아니라 새롭고 흥미로운 프로젝트를 함께 해나갈 팀원들의 능력을 신뢰했기 때문이죠.

하니는 48시간 교대 근무를 서는 소방관입니다. 그는 매번 동료들에게 목숨을 기꺼이 믿고 맡길 준비가 된 상태로, 누구도 실망시키지 않도록 힘닿는 일은 뭐든 하겠다는 마음가짐으로 소방서에 출근합니다.

안정형 애착이 관계에서 문제를 일절 겪지 않게 해주는 만병통치약은 아닙니다. 안정형 애착인 사람 또한 관계에서 다른 이들과 똑같은 실수를 저지르며, 똑같은 교훈을 얻을 때가 있습니다. 자신과 맞지 않는 사람을 사귀거나, 관계에서 일어나는 갈등을 제대로 관리하지 못하거나, 회피하거나, 버럭 화를 낼 수도 있죠. 하지만 안정형 애착은 실망에서 훨씬 더 빨리, 훨씬 더 온전하게 회복하는 경향이 있으며, 가능한 한 실수를 반복하지 않는 법을 경험을 통해 배울 줄 압니다. 바꿔 말해, 안정형 애착은 관계에서 더 강한 회복탄력성을 보인다는 뜻입니다.

어떻게 그럴 수 있는 걸까요? 앞서 다루었듯 애착 안정성이란 감정적으로든 물리적으로든 누군가와 가장 친밀한 방식으로 관계를 맺을 때 그가 나를 위해 최선을 다하리라고, 나를 배신하거나 버리는 일이 없을 거라고 믿는 감각이죠. 안정형 애착은 경험을 통해 타인을 믿고 의지할 수 있음을 배운 사람들입니다. 일반적으로 이들은 어린 시절 살뜰한 보살핌을 받았다는 점에서 유리한 부분이 있습니다. 부정적인 일을 겪더라도 무난히 넘길 수 있게 도와준 누군가가 옆에 있었죠. 발달 초기의 이러한 경험은 관계를 편안하게 받아들일 수 있게 사람을 떠받쳐줍니다.

안정형 애착 자각하기

다른 애착 유형과 마찬가지로 안정형 애착인 사람도 처한 환경이나 성격이 제각각입니다. 관계에서 좋을 때와 나쁠 때를 모두 경험하죠. 애착 유형 자각은 관계를 다져가는 방법을 배우는 데 있어 빠뜨릴 수 없는 중요한 과정입니다. 타인과의 관계에서 내 생각이나 감정, 신체 감각이 내 언행과 그것의 파급력에 어떤 영향을 미치는지 정확히 인식할수록, 관계는 더 좋은 방향으로 나아가는 법입니다.

　애착 테스트(27쪽)에서 불안정성 점수는 낮은 반면 안정성 점수는 높게 나왔다면 다음 설명이 자기 이야기라고 느낄 가능성이 큽니다. 맞지 않는 부분이 있다면 완벽한 안정형 애착이란 일반적 개념을 반영하는 이상일 뿐, 현실의 특정 시점에 존재하는 특정 인물을 묘사하는 것이 아니라는 걸 염두에 두기 바랍니다. 마지막으로 안정형 애착의 핵심적인 측면은 인식과 개발을 통해 학습될 수 있다는 점도 기억합시다.

안정형 애착인 사람이 느끼는 자기 모습

당신은 중요한 관계를 매우 소중히 여깁니다. 관계에서 많은 것을 배우며, 상황이 완벽하지 않을 때에도 그 점은 변하지 않죠. 이는 당신이 어떤 관계도 완벽하진 않다는 걸 받아들이기 때문이기도 합니다. 중요한 건 이런 관계가 날마다, 특히 위기가 닥쳤을 때 힘이 되어준다는 사실이죠.

인간관계 면에서 당신은 상당히 융통성이 있습니다. 자기 자신은 물론 타인의 욕구와 소망에도 민감하죠. 한쪽으로 치우쳐서 타인을 지나치게 받아줄 때도 있지만, 자기 욕구를 완전히 희생하는 지경까지 가는 일은 거의 없습니다. 과거에 그런 적이 있었다면, 그 실수에서 교훈을 얻었을 테고요.

안정형은 자신에게 특정한 욕구가 있다는 사실을 편안하게 받아들이면서, 그런 욕구를 타인에게 알리고 원하는 바를 요구할 줄 압니다. 상대방이 욕구를 채워주지 못하면 약간은 실망하겠지만, 그래도 계속 나아가죠. 다른 데서 그 욕구를 채울 방법을 찾아내기도 합니다. 어쨌거나 상대에게 뭔가를 요청하는 행위 자체는 잘못된 게 아니고, 자기 욕구가 정당하다는 사실을 알고 있기 때문입니다.

문제가 발생했을 때 당신은 그에 관련된 사람보다는 문제 자체에 초점을 맞추는 경향이 있습니다. 나를 포함한 모든 사람에게 단점이 있음을 인정하지만, 비난은 생산적인 방식이 아니라고 생각하죠. 사람은 저마다 다른 법이니까요. 정말로 곤란한 문제가 생기면 당신은 주위에 도움을 요청합니다.

아끼는 사람의 마음을 상하게 했다는 사실을 깨달으면, 당신은 상처를 회복시키기 위해 최선을 다합니다. 방어적으로 굴거나 포기하지 않고 참을성 있게 노력하죠. 좋은 의도였을지라도 자신이 타인에게 부정적 영향을 미칠 수 있음을 잘 알고 있는 겁니다. 반대로 내가 깊이 상처받았을 때는 상대방에게 관계를 바로잡을 기회를 줍니다. 앙심을 품지 않는다는 말이죠.

로맨틱한 파트너 관계를 맺을 때는 여유 있는 자세로 접근합니다. 물론 딱 맞는 상대를 단번에 찾아내는 게 좋기는 하겠지만, 시간이 걸린다 해도 괜찮다고 여깁니다. 그래서 관심 가는 사람이 생기면 시간을 들여 그 사람을 알아가려고 하죠. 첫눈에 반했다고 해도 당신은 여전히 두 사람이 장기적 관점에서 어울릴지를 따져보고, 데이트를 할 때 그런 요소를 고려합니다. 미래를 생각하며 계획을 세우지만, 사소한 일로 지나치게 스트레스를 받지도 않고, 상황이 어려워졌다고 과거에 연연하지도 않습니다.

누군가와 관계를 맺을 때는 한 번에 한 사람만 원하는 것을 얻는 제로섬 방식으로 관계를 바라보지 않고, 공통된 긍정적 목표와 이상을 향해 함께 나아가고자 합니다.

확실히 안정형 애착으로 이어지는 단일 요소는 없지만, 안정형 애착이 나타날 수 있는 성장 환경은 있습니다. 우선 한쪽 또는 양쪽 부모가 자기를 챙겨주고 인정해준다고 느꼈을 겁니다. 더불어 자기를 격려하고 높이 평가해주는 교사나 친구, 가족들에게 지지를 받았을 확률도 높죠. 집에서든 다른 곳에서든 필요할 때 위안과 안락함을 제공하며 복잡한 세상을 탐험하다 돌아올 본거지가 되어주는 어른이 있었습니다. 그 덕분에 당신은 살아가며 맞닥뜨리는 일들이 어떤 식으로든 풀릴 거라는 자신감을 얻었고요. 이건 맹목적인 믿음과는 다릅니다. 안정형은 인생과 인간관계를 발전을 거듭하며 펼쳐지는 과정으로 바라봅니다. 그래서 늘 뭔가 새로운 것을 얻고 발견하게 될 거라고 예측하죠.

안정된 관계를 맺어가는 기술

관계 기술은 조금씩 나아가며 익히는 과정입니다. 노력을 들일
수록 얻는 것도 많죠. 잠시 시간을 내서 내가 잘하는 것과 노력
해서 발견할 여지가 있는 것의 목록을 만들어보세요. (불안정
애착 유형인 사람도 이 과제를 활용할 수 있습니다!)

각 항목을 훑어보며 이미 잘하고 있는 것에는 체크 표시
(v)를, 개선하고 싶은 기술에는 더하기 표시(+)를 합니다.

☐　소중한 사람이 내게 속마음을 완전히 털어놓지 않을 때
　　이를 알아차린다.

☐　대화 중에 소중한 사람의 기분이 상했을 때 빠르게 눈치챈다.

☐　갈등이 있을 때 대화 주제에서 벗어나지 않는다.

☐　사랑하는 이들에게 감사하는 마음을 갖고 그런 마음을
　　잘 표현한다.

☐　파트너를 위로한다.

☐　시간, 감정적 에너지, 신체적 편안함／안전감 측면에서
　　나 자신의 경계선을 안다.

☐　내 감정이나 욕구, 소망을 상대에게 이야기한다.

☐　관계에서 솔선수범한다.

☐　양쪽에 모두 좋은 결과를 위해 협업한다.

☐　스트레스를 주는 상호작용을 조금씩 줄여간다.

☐　고마운 마음을 적극적으로 드러낸다.

위 항목은 각각 친밀한 관계에서 안정성을 키우는 데 중요한 기술입니다. 내가 이미 잘하고 있는 것들이 있는지 확인해보고, 어깨를 두드려 스스로를 격려해주세요!

이제 더 잘하고 싶은 항목으로 눈을 돌려보죠. 개선할 방법을 떠올려볼 수 있나요? 도무지 생각나지 않는다면 믿을 만한 친구에게 상담을 청해서 조언을 구해보아도 좋습니다.

_____

_____

_____

_____

_____

_____

_____

더 나아지고 싶은 영역에서 내가 시도해볼 만한 구체적인 방법이 있다면 무엇일까요?

예: 사람들이 진실을 말하지 않을 때 이를 쉽게 간파하는 감각을 기르기 위해 관련 다큐멘터리나 교육 영상을 시청한다.

주도권을 잡는 법, 서로에게 이로운 결과를 내기 위해 협력하는 법을 배우기 위해 자기계발 강의를 듣는다.

_____

_____

_____

_____

_____

_____

관계에서 안정형 애착이 드러나는 방식

불안정 애착인 사람들이 관계에서 항상 불안정하게 행동하지는 않는 것과 마찬가지로, 안정형 애착이라고 늘 안정적으로만 행동하는 건 아닙니다. 하지만 안정형이라면, 불안정한 행동으로 갈등이 발생하더라도 상황이 훨씬 더 부드럽게 흘러가고 빠르게 제자리로 돌아가죠.

안정형 애착을 보이는 사람들은 대체로 침착하며 현재지향적입니다. 미래를 지나치게 걱정하지도, 과거에 얽매이지도 않죠. 대신 현재 다뤄야 할 필요가 있는 문제에 집중합니다. 이게 생각만큼 쉬운 일은 아닙니다! 누군가가 자기 의견에 반대하면 그 사람을 깔아뭉개지 않으면서도 자기주장을 당당히 내세웁니다.

이들은 진정한 의미에서 타인과 협력할 줄 압니다. 공정함을 중요시하고, 자기 욕구를 위해 남의 욕구를 희생시키지도, 그 반대로 하지도 않습니다. 가능한 한 공정해지려고 노력하며 다른 사람이 하고 싶어하는 말을 귀담아들으려고 하죠.

안정형 애착이 자기 본능을 믿고, 스트레스를 받는 순간에도 중심을 잃지 않는 기술까지 갖춘다면 더할 나위가 없습니다. 이들의 신경계는 쉽게 흥분하지 않는 편이라, 누가 화를 낸다고 해도 버려진다는 두려움이 자극되어 과잉 반응하거나 감정에 압도되어 회피하는 상황이 벌어지지 않습니다.

타인의 안정형 애착 인식하기

대상이 누구든 애착 유형에 관한 고정관념만으로 그 사람을 분류해버리면 곤란합니다. 안정형 애착에 기반해 행동하는 사람이 더 공평하고 협조적인 반응을 보이는 편이긴 하지만, 애착 유형과 무관하게 누구나 그렇게 반응할 수 있기 때문이죠. 따라서 겉모습만 보고 판단하기보다는 안정적이고 효율적인 태도를 알아차릴 줄 아는 것이 더욱 중요합니다. 안정형 애착을 알아볼 줄 알면 관계에서 원하는 바를 얻어내는 생산적인 방법을 알아내는 데도 도움이 됩니다.

상대가 안정형 애착일 때 드는 느낌

안정형 애착인 사람과의 관계는 이를테면 이런 느낌입니다. 당신이 누군가와 저글링을 하고 있다고 상상해봅시다. 두 사람은 공을 던지고 받으면서 묘기를 연습합니다. 한동안 공중에 공을 띄운 상태를 유지할 때도 있고, 공을 떨어뜨릴 때도 있습니다. 모든 것은 배우는 과정입니다. 파트너 또한 똑같이 연습 중이고, 당신에게 상당히 의지가 되는 존재죠. 공이 떨어지면 파트너는 공을 주워서 다시 저글링을 시작합니다. 파트너의 의욕 덕분에 두 사람 모두 실력이 느는 느낌이 들고, 재미도 있습니다.

안정형 애착을 알아보려면, 먼저 안정형으로 착각하기 쉽지만 실은 불안정함을 숨기는 태도, 즉 커플 치료 전문가 스탠 태트킨이 유사 안정성pseudosecure이라고 정의한 행동 패턴을 구분하는 법을 알아두는 편이 좋습니다. 유사 안정적 특성은 이제 막 안정형 애착에 관해 알아가는 사람에게 혼란을 줄 수 있지요. 안정적 태도로 착각하기 쉬운 관계 역동과 특성, 그리고 그런 태도에 생산적으로 반응하는 요령을 아래 정리해두었습니다. 이번에도 여기서 말하는 안정형 애착은 이상적인 상태라는 점을 기억하세요. 발전하고 성장할 여지는 항상 있는 법입니다.

유사 안정적 특징:

- 언제나 내가 원하는 것을 무조건 들어주려고 함: 관계란 두 사람이 만드는 겁니다. 실제로는 내키지 않거나 최소한 걸리는 데가 있어 보이는데도 상대방이 당신

말에 동의한다고 한다면, 이건 안정적인 게 아닙니다. 확신이 서지 않는다면 왜 동의하는지 물어본 뒤 상대방도 뭔가 가치 있는 것을 얻는다는 실질적 증거가 있는지 살펴보세요.

- 서류상으로 또는 소셜미디어에서 완벽해 보임: 특별히 골라낸 모습, 때로는 꾸며낸 모습만 보여주면 그 사람이나 그 사람과의 관계가 좋아 보일 수 있습니다. 하지만 이렇게 걸러낸 모습은 그 사람이 타인과의 관계에서 스트레스를 받을 때 실제로 어떻게 행동하는지에 대해서는 전혀 알려주지 않죠. 근거 없는 가정을 쉽게 믿어버리지 않도록 주의하세요.

- 내가 우려스럽거나 불만스러운 점을 얘기하면 "이래야 공평하겠지"라며 자기도 불평을 얘기해서 맞받아침: 관련 없는 주제로 맞대응한다는 건 대개 그 사람이 당신의 피드백을 잘 받아들이지 못한다는 뜻입니다. 이런 일이 일어나거든 상대방의 불만은 나중에 얼마든지 다시 들어줄 테니 이번에는 당신이 제기한 문제에 집중해줄 수 있는지 물어보세요.

- 항상 곁에서 나를 지지해주지만, 본인은 전혀 문제가 없거나 지지가 필요 없어 보임: 서로가 서로를 지지해

주는 관계를 원한다면 왜 상대방이 자기 욕구를 드러내지 않는지 한번 생각해보세요. 이런 역동이 이 관계에 부정적 영향을 미치나요? 그로 인해 당신만 늘 구원받아야 하는 구제 불능처럼 느껴지나요? 당신만 부담스러운 존재이고 상대방은 아닌 것 같은 느낌이 드나요? 이게 정말로 당신에게 좋은 관계인지 따져보세요.

- 관계에서 통제받고 싶지 않고 자기가 원하는 대로 할 수 있어야 한다고 주장함: 물론 사람은 자유롭게 선택할 수 있어야 하지만, 선택의 결과가 타인에게 영향을 미친다는 사실도 받아들여야 하죠. 상대가 이렇게 주장한다면 당신이 자기를 잃어버리지 않고 안전하고 편안하다고 느낄 수 있는 선을 확실히 해야 합니다. 어디까지 괜찮고 어디서부터 그렇지 않은지 정하는 사람은 당신 자신이란 걸 기억하세요.

- 당신이 부담스러워하거나 때와 장소가 부적절한 상황에도 자기가 불안하다며 어떤 문제를 즉시 다뤄야 한다고 고집함: 갈등 해결은 필요하지만 늘 즐거운 것도 아니고 때로는 버거운 감정을 불러일으키기도 합니다. 당신이 심한 거부감을 보이는데도 이를 무시하고 아직 마음의 준비가 안 된 당신에게 뭔가를 강요하는

것은 안정적인 태도가 아니죠. 이런 상황이 벌어지면 상대방에게 시간을 달라고 요청하고, 당신이 이 주제를 생산적으로 논의하는 데 도움이 될 만한 조건을 알려주세요. 얼굴을 마주 보고 얘기하길 원하나요? 아니면 글로 써서? 한 시간 안에 끝내고 싶은가요?

- 화를 내지는 않지만, 당신이 화를 내면 당신을 비난함: 안정된 사람은 상대방이 느끼는 감정을 거의 비난하지 않습니다. 이런 일이 생긴다면 그 사람이 왜 당신에게 비난의 화살을 돌리려 하는지 곰곰이 생각해보세요. 분노 같은 까다로운 감정을 마주하면 불편해지는지 상대방에게 물어보는 것도 좋습니다.

- 내가 대인관계를 잘 못 맺는다는 식으로 말함: 수치심이나 비판을 이용하는 건 타인에게 영향력을 행사하는 원시적 방식입니다. 사전 합의가 확실히 이루어진 상태에서 사람이 아니라 잘못된 행동을 지적하며 책임을 묻는 행위와는 확연히 다르죠. 이런 상황이 된다면 일단 한 걸음 물러서서 이 관계에서 당신의 목표가 무엇인지 떠올려보세요. 그런 뒤 더 생산적인 쪽으로 대화의 방향을 바꿀지, 아니면 다른 방식으로 대응할지 정하면 됩니다.

안정형 애착을 인식하려면 미묘한 차이를 구분해야 하며, 이를 온전히 이해하는 데는 시간이 걸릴 수도 있습니다. 하지만 두루 적용되는 규칙을 하나 꼽자면, 관계에서 안정형 애착 행동은 두 사람 모두 큰 문제 없이 욕구가 충족되고 기분이 좋아질 여지를 제공한다는 것입니다. 어느 한쪽이 희생해서 이와 같은 것들을 얻는다면 그건 안정형 애착이 아니죠.

안정형 애착을 구별하는 법을 배울 때 어떤 생각과 감정으로 어떤 결정을 내리는지 파악하지 못하면, 안정적인 방식과 불안정한 방식이 똑같아 보일 수도 있습니다. 예를 하나 들어보죠.

당신의 친구인 재서와 영언은 각각 여성 파트너와 장기적 관계를 맺고 있습니다. 둘 다 예전에 아이를 갖고 싶다는 얘기를 한 적이 있지만, 파트너의 뜻에 따라 부모가 될 기회를 포기하는 커다란 결정을 내리기로 했다고 말합니다. 차이점이 있다면 재서는 안정형 애착 성향, 영언은 불안정 애착 성향을 기반으로 결정을 내렸다는 것이죠.

재서는 파트너 해리의 처지를 이해하고 자기 관점을 설명하는 데 갖은 노력을 기울인 끝에 두 사람이 각자 정당한 이유로 각기 다른 것을 원한다는 사실을 받아들입니다.

해리가 물러서지 않을 거라는 점도 알죠. 해리를 잃거나 부모가 될 기회를 잃게 되는 미래를 생각하면 슬퍼집니다. 하지만 아이 없이 행복하게 사는 자신은 상상할 수 있어도 해리 없이 행복하리라고는 생각할 수 없습니다. 그래서 재서는 앞으로 두 사람이 조카들과 더 살갑게 지낸다는 조건을 걸고 물러서기로 마음먹습니다. 합의에 이른 뒤에는 아이 없이 지내게 될 두 사람의 삶을 최대한 행복하게 누릴 수 있도록 이 문제는 기꺼이 묻어두기로 합니다.

영언은 파트너 윤미와 지난 2년간 아이 문제로 계속 다투었고, 지칠 대로 지쳤습니다. 윤미가 마음을 바꿀 가능성은 없어 보였고요. 이 관계를 잃고 싶지 않은 영언은 어찌할 바를 모릅니다. 이 문제를 끄집어내지 않으면 다시 싸울 일이 없다고 생각한 영언은 패배를 인정하고 윤미에게 더는 조르지 않겠다고 선언합니다. 하지만 그 결정을 떠올리면 울컥 억울함이 밀려오고, 이 관계에서 자신이 윤미보다 훨씬 더 많은 희생을 하고 있다는 생각이 듭니다.

재서와 영언은 둘 다 관계를 원만히 유지하기 위해 아버지가 될 기회를 포기하기로 했지만, 그 동기는 각각 달랐습니다. 그래서 이들은 다른 결과를 맞이했죠. 누군가의 애착 유형을 진정으로 이해하려면 행동만 봐서는 안 됩니다.

그 사람의 동기, 감정, 생각까지 파악해야 하지요.

인생을 함께하고 싶은 파트너가 자신과는 굉장히 다른 것을 원할 때처럼 까다로운 상황에 대처해야 할 때 안정된 토대가 확보되어 있으면 복잡한 문제 앞에서도 훨씬 더 명확한 결정을 내릴 수 있습니다.

안정형 사고방식 vs. 불안정 사고방식

재서와 영언의 예에서 살펴본 대로 안정형 애착이든 불안정 애착이든 기본적으로 똑같은 결론을 내릴 수 있습니다. 하지만 결정 이전, 도중, 이후에 내적으로 경험하는 감정과 생각은 완전히 다르죠.

이번 과제에서는 과거에 당신이 특정 관계에서 내렸던 결정 하나를 골라서 안정형 애착과 불안정 애착에 근거해 그런 결정을 내린 이유를 탐색해볼 겁니다. 예를 들어 다음 표는 아버지 되기를 포기한 재서와 영언의 결정에 관해 상세히 보여줍니다.

결정 내용: 아버지가 되는 걸 꿈꾸었지만, 물러나서 아이를 갖지 않기로 하는 데 동의함	
불안정 사고방식(영언):	**안정형 사고방식(재서):**
1. 관계를 잃을까 봐 두려움을 느낌. 2. 결정을 내리지 못하고 어쩔 줄 모름. 아무것도 하지 않으면 결국 아이를 갖지 않는 상태가 유지됨. 3. 더 큰 갈등을 불러일으켜 둘 다 감정이 상하는 결과는 원치 않으므로 자기가 물러서는 수밖에 없다고 여김. 4. 억울함과 패배감이 앙금으로 남음.	1. 파트너를 잃는 것에도, 아버지가 될 기회를 잃는 미래에도 슬픔을 느낌. 2. 아이 없이 행복한 모습은 상상할 수 있었기에, 소중한 파트너 없이 지내는 것보다는 그 편이 낫다고 결론을 내림. 3. 물러서면서 반대급부로 무언가를 요청함. 4. 결정을 내렸다는 데 안도하며 문제를 털어버리고 앞으로 나아감.

이제 당신 차례입니다. 당신이 관계를 유지하기 위해 과거에 내렸던 결정을 하나 골라서 직접 오른쪽 표에 적어보세요. 그러고 나서 그 결정에 관련된 생각과 감정을 안정과 불안정 중 해당되는 칸에 적어 넣습니다. 다음에는 그 옆에 더 바람직한 생각과 감정은 무엇일지 채워넣어보세요. 실제로 했던 생각이 아니어도 괜찮습니다. 어떤 생각과 감정이 안정형 애착에서 나오는지 불안정 애착에서 나오는지 구분하는 연습을 하자는 것이니까요.

결정	
내가 결정 내린 내용:	
불안정 사고방식:	**안정형 사고방식:**

생각해볼 질문:

1. 내가 관계에서 안정형 사고방식을 활용하는 데 도움이 될 만한 조건이 있다면 무엇일까요?

2. 불안정 사고방식을 활성화하는 조건은 무엇일까요?

안정형 애착과 관계 맺는 방법

안정형 애착인 사람과 관계를 맺게 되었다면 상대방이 가능한 한 최고의 결과를 얻기 위해 당신과 협력한다는 느낌을 줄 가능성이 큽니다. 여기에 부응하는 가장 좋은 방법은 당신 또한 둘 다 만족스러워 할 방식으로 기꺼이 협력하겠다고 마음먹는 것입니다. 이렇게 두 사람이 보조를 맞추면 좋은 결과가 펼쳐질 확률이 매우 높아집니다.

물론 이건 내가 최선을 다해 내 욕구와 소망, 당면한 문제에 관한 나만의 관점을 분명히 해야 한다는 뜻입니다. 더불어 상대방의 욕구와 소망을 이해하려는 노력도 기울여야겠죠.

갈등이 발생했을 때는 먼저 공통의 목표를 이해해야 합니다. 두 사람이 로맨틱한 관계라면 새로운 문제에 맞닥뜨렸을 때 관계를 더 끈끈하고 튼튼하게 강화하고 싶겠지요. 비즈니스 파트너라면 새로운 사업에서 어떤 가치가 중요한지를 명확히 하는 게 목표일 수도 있습니다. 부모 자식 관계라면 친구나 동료 같은 관계로 발전한다는 목표를 세울 수도 있고요.

협업과 공동 목표에 걸림돌이 되는 지점이 있다면 그것부터 다뤄보세요. 그 문제는 다른 관계일 수도, 해야 할 일이거나 개인적 결점일 수도 있습니다.

갈등 상황에서 안정적 상호작용 상상하기

갈등이 거세게 휘몰아치면 우리는 거기에 온통 정신이 팔려서 상대방이 구원의 손길을 내밀어주고 있음을 눈치채지 못할 때가 많습니다. 이런 순간을 놓치면 싸움은 길어지고 스트레스는 더 심해지기 마련이죠.

관계에서 어려운 갈등 상황에 휘말렸고, 일이 잘 안 풀리는 가운데 상처받았거나 두려움을 느낀 상대방이 과도한 반응을 보였던 때를 떠올려보세요. 이때 나는 어땠는지, 거기 반응해서 어떤 감정과 생각, 신체적 감각을 경험했는지 기억을 더듬어보세요.

상대방의 어떤 말이나 행동이 그런 반응을 불러일으켰나요?

_____

_____

_____

_____

_____

_____

이제 상대방이 두려움이나 고통에 휘둘리는 대신 차분하게 생각하고 느낄 수 있었으며, 진정으로 내 관점을 이해하려는 노력을 기울였다고 가정해봅시다. 그가 가장 너그럽고 공감 넘치는 자기 모습을 끄집어냈다고 상상해보는 거죠. 그 사람이 차분하게 말을 걸며 따뜻한 눈빛으로 나를 바라봅니다. 이제 어떤 기분이 드나요?

_____

_____

_____

_____

_____

_____

아마도 기분이 한결 나아졌을 겁니다. 소중한 사람이 나를 배려해준다는 걸 느낄 수 있었으니까요. 그렇다면 그 좋은 기분을 깊숙이 받아들여봅시다. 이번에는 다른 반응을 이끌어내려면 어떻게 감사를 표해야 할지 상상해봅시다. 어떻게 하면 고마운 마음을 표현하고 상대방이 보여준 언행을 계속하두록 독려할 수 있을까요?

예: 그 사람을 안아준다.

　　고맙다고 말하고 그 사람이 잘하고 있다고 생각하는 점들을 얘기해준다.

_____

_____

_____

_____

_____

_____

수용하는 법 배우기

건강한 관계에는 현실 수용이 필요합니다. 이는 파트너의 생각과 감정을 인정하는 것일 수도, 두 사람이 서로를 실망시켰음을 이해하는 것일 수도, 관계에 영향을 미치는 외부 상황을 받아들인다는 뜻일 수도 있습니다. 관계를 가꾸어 가는 과정을 요리에 비유한다면 수용은 재료를 구하는 단계에 해당된다고 볼 수 있죠. 재료를 빠뜨리거나 부적절한 대체 식품을 사용하면 아무리 열심히 노력해도 원래 의도했던 요리가 나오지 않습니다.

자기 수용

이번에도 나 자신부터 시작해보죠. 현재 나의 위치, 그리고 내게 완벽하지 않은 부분이 있다는 사실을 얼마나 자주 인정하나요? 자기 수용이란 무언가가 있는 그대로 존재할 수 있는 공간을 마련하고, 그에 맞서 싸우느라 귀중한 에너지와 자원을 낭비하는 일이 없도록 현실과 화해한다는 뜻입니다. 이 현실에는 신체적 감각, 생각과 감정, 이미 저지른 행동 등이 모두 포함되죠. 다 생겨나고 지나가는 것입니다. 우리가 이 모든 걸 항상 통제할 수도 없고, 그럴 필요도 없어요.

완전한 불완전함 받아들이기

관계에서 내가 스스로에게 완벽함을 기대하거나 잘하지 못했을 때 자책하게 되는 영역은 어디인가요?

예: 파트너를 속상하게 했을 때 나 자신에게 모질게 군다.

자책할 땐 어떤 기분이 드나요?

예: 맥이 쭉 빠지는 기분이다.

이런 기분이 들 때 어떻게 행동하나요?

예: 홧김에 잔뜩 먹는다.

_____

_____

_____

지나친 자기비판은 변화를 원하거나 행동 패턴을 바꾸고 싶을 때 유용한 방법이 아닙니다. 스스로에게 얼마나 가혹해 질 수 있는지 깨달았다면, 잠시 눈을 돌려 당신이 어떤 부분에 서 대가를 치르고 있는지 살펴보세요. 몸과 신체 건강인가요? 아니면 자존감? 시간과 정신적 에너지가 부족해진 당신의 일 상생활인가요? 이런 부분이 나에게 어떤 메시지를 보내고 있 나요?

_____

_____

_____

_____

_____

타인 수용하기

타인의 안정형 애착을 받아들일 때 자주 맞닥뜨리는 문제는 그 유형이 내 애착 유형과 다르다는 점입니다. 그렇기에 낯설거나 이질적이라고 느껴질 수 있죠. 사람은 대부분 자기가 직접 보고 경험해본 방식대로 사랑과 관심을 인식합니다. 누군가가 우리에게 낯선 방식으로 관심을 쏟을 때, 기분이 좋아야 마땅한 방식이라고 해도 그걸 선뜻 사랑이나 관심으로 받아들이지 못할 수 있다는 얘깁니다.

예를 들어 6년간 사귄 커플인 예니와 현아는 결혼을 진지하게 생각하는 중이었습니다. 예니는 안정형 애착이었고, 현아는 불안 행동을 보이는 불안정 애착이었죠. 다음 대화는 불안정 애착에 속하는 사람이 안정형 애착에 어떤 식으로 당혹감을 느끼는지를 보여줍니다.

"우리가 서로 딱 맞는 짝인지 어떻게 그렇게 확신해?" 현아가 물었습니다.

"앞으로 무슨 일이 생길지는 잘 모르지만, 잘될 거라고 생각해. 네가 우리 관계에서 열심히 노력하고 있다는 걸 알고, 나도 그렇게 할 거니까." 예니는 조리 있게 대답했습니다.

"근데 난 가끔 도시에서 살면서 세상 구경도 하고 싶어하는 사람하고 더 잘 맞지 않을까 하는 생각도 들어. 그런 걸 꿈꿔본 적이 있거든."

"음, 그런 삶이 너한테 얼마만큼 중요한데? 나도 가끔 너하고 같이 여행 다닐 수 있고, 어디에 살지 타협점을 찾을 수도 있다고 생각해."

"나도 알아. 전에도 네가 그런 말을 했잖아." 현아는 말을 멈추고 잠깐 생각에 잠기지만, 이내 불안이 더 나쁜 쪽으로 방향을 틀고 말았습니다. "하지만 네가 어떻게 확신해? 내가 다른 사람을 만나 더 행복해질 수 있다면 어떡해?"

당시에 다른 누군가가 있는 것은 아니었지만, 불안정 애착인 사람은 결정을 내린 뒤 그 결정을 안심하고 받아들이길 어려워하는 경향이 있습니다.

예니 또한 미래를 알 도리는 없었지만, 현아에 관해서는 잘 알았습니다. 현아가 결정을 내리거나 한 사람에게 전념하기를 꺼리는 경향이 있다는 것도 알았고요. 심지어 그 결정으로 상당히 행복해질 거라고 해도 말이죠. 아파트를 구할 때도, 대학원을 선택할 때도 현아가 똑같은 불안을 겪는 모습을 지켜봤으니까요.

하지만 예니의 근거 있는 확신이 늘 현아에게 위로가 되는 건 아니었습니다. 현아는 종종 그런 말은 좋게 봐야 희망 사항, 나쁘게 보면 허풍이라고 여겼죠. 예전에 친밀한 관계에서 겪었던 일들 때문에 사람 사이의 좋은 감정이 오래가지 않는다고 믿는 현아는 관계란 두어 해마다 변하기 마련이라고 예측하게 되었습니다. 그래서 둘의 관계가 오래갈 것이라는 예니의 위로와 예측이 낯설게만 느껴졌죠. 둘의 시각 차이는 각기 다른 애착 유형에서 오는 것이며 그럴 수 있다는 사실을 현아가 받아들이기까지는 상당한 시간이 걸렸습니다.

대인관계에서의 강점

나와 파트너의 강점은 무엇일까요? 안정형 애착인 사람과 상호작용할 때는 내가 관계에서 보이는 강점을 떠올려보면 도움이 됩니다. 두 사람이 각자 어떤 식으로 관계에 이바지하고 있으며, 나는 어떤 좋은 점을 상대와 공유하는지 생각해보세요. 현재 연애 중이 아니라면 부모나 형제자매, 친구 등 내가 중요하게 생각하는 관계를 염두에 두고 진행하면 됩니다.

특정 관계를 하나 골랐으면 이제 '나'라고 적힌 칸을 죽 훑어 내려가며 내가 관계에서 보이는 강점이라고 생각하는 항목에 전부 체크 표시를 해보세요. 그런 다음 '내 관계 파트너' 칸으로 넘어가서 상대의 강점에도 똑같이 표시해보세요.

두 사람이 관계에 보탬이 되는 방식은 서로 비슷할 수도, 완전히 다를 수도 있습니다. 만약 다르다면 파트너가 그만의 기술과 역량을 공유하는 방식 몇 가지가 때로 낯설게 느껴지기도 하는지 생각해보세요. 실제로 그렇다면 낯선 것들을 조금씩 받아들이고 새로운 느낌에 마음을 열려고 노력해보세요.

나	내 관계 파트너	강점
		솔직함
		공정함
		기꺼이 노력하고 힘든 일을 하려는 자세
		공감
		마음을 여는 태도
		신뢰성
		상대에게 영감을 줌
		헌신
		협조성
		잘못 인정하기
		지지해주기
		힘든 시기를 버티는 참을성
		든든함
		일관성
		상대에게 긍정적인 방식으로 자극을 주는 능력
		장난스러움
		유머
		감사와 칭찬을 아끼지 않음
		기꺼이 희생하려는 태도
		기타:
		기타:

건강한 의사소통

일반적으로 친밀하고 의미 있는 관계는 행복을 보장하는 귀한 조건 중 하나로 여겨집니다. 이런 관계에서 사람들은 서로 진정한 자기 모습을 공유하며, 이해받고 지지받는다고 느낍니다. 한편 부적절한 의사소통은 관계에서 이런 행복을 누리는 데 방해가 되는 요소로 여겨지곤 하죠.

친밀한 관계에서 건강한 방식으로 소통하고 싶다면 언어적 의사소통은 완벽하지 않으며 완벽할 수도 없다는 점을 유념해야 합니다. 사람들은 그러지 않으려고 해도 늘 말실수를 하고, 서로 오해합니다. 그러니 우리는 다만 최선을 다하고, 좋은 의도를 앞세우고, 오해가 생겼을 때 용서하는 법을 연습하는 수밖에 없습니다.

건강한 의사소통을 위한 지침에서 거의 언제나 언급되는 핵심 사항 중 하나는 말을 할 때 상대방보다 자기 자신에 관한 정보를 전달하는 데 집중해야 한다는 것입니다. 수많은 의사소통 전문가가 사람들에게 '나 말하기I statement', 즉 너보다는 나로 시작하는 대화 기법을 활용하라고 조언합니다. "넌 내 감정에 신경 안 쓰잖아"라고 말하는 대신 "나는 마음이 안 채워지고 관심받는 느낌이 안 들어"라고 말하는 편이 낫다는 거죠. '나 말하기'를 활용한다는 규칙은 유용한 방법이기는 하지만, 혼란을 초래할 때도 있습니다. "나는 네가 재수 없다고 생각해" 같은 말처럼, 나로 시작하는 문장이라고 해도 많은 경우 화자에 관해 의미 있는 정보를 전달하지 못하기 때문이죠.

의미 있는 '나 대화법'

'나 대화법'의 목적은 내가 전문가인 주제—즉 나 자신에 관한 정보—를 내놓음으로써 이해와 소통을 촉진할 기회를 늘리는 것입니다. '나 대화법'으로 자신을 더 많이 드러낼수록 가까워지고 싶은 사람과 의사소통할 때 의미 있는 대화를 할 수 있습니다. 다음은 화자에 관한 정보를 담고 있는 단순한 '나 대화법'의 예시입니다.

저는 지각하는 걸 안 좋아해서 회의에 일찍 갔어요.

다음은 나로 시작하는데도 위와 같은 정보 공유가 이루어지지 않는 발언의 예입니다.

저는 그 회의가 예정보다 더 일찍 시작하는 줄 알았어요.

이 문장은 화자가 했던 생각을 나타내기는 하지만, 딱히 화자의 됨됨이나 내적 경험에 관한 중요한 정보를 드러내진 않습니다. 회의 시작과 관련된 정황은 파악할 수 있지만, 그 이상의 내용은 없죠.

이번 과제에서는 '나 대화법'이 화자에 관한 정보를 담고 있는지 여부를 판별하는 법을 연습해볼 겁니다. 다음 문장들을 읽어보세요. 화자에 관해 뭔가 의미 있는 정보를 드러낸다고 생각하면 <u>그렇다</u>에, 별다른 정보가 없다고 생각하면 <u>아니다</u>에 동그라미를 칩니다.

1. 나는 어둠이 무서워. 그렇다 / 아니다

2. 나 때문에 네가 늦게 생겼네. 그렇다 / 아니다

3. 나는 당신이 나를 존중하지 않는다고 느껴. 그렇다 / 아니다

4. 나는 당신이 나한테 지시하는 거 그만해줬으면 해. 그렇다 / 아니다

5. 저는 우리가 그 프로젝트 작업에 속도를 냈으면 좋겠어요. 그렇다 / 아니다

6. 나는 환영받지 못한단 느낌이 들어. 그렇다 / 아니다

7. 나는 네가 잠깐 앉아서 나와 얘기해주면 고마울 것 같아. 그렇다 / 아니다

8. 나는 당신이 무사히 집에 돌아오니 안심돼. 그렇다 / 아니다

9. 나는 그 식당에 다신 안 갈 거야. 그렇다 / 아니다

이제 정답을 알아보고 해설을 읽어봅시다.

1. 그렇다

나는 어둠이 무서워: 이 말은 화자가 경험을 통해 자기에 관해 알아낸 정보를 드러냅니다.

2. 아니다.

나 때문에 네가 늦게 생겼네: 책임을 지려는 말로는 적합할지 모르지만, 자기를 드러내는 말은 아닙니다. 화자는 잘못을 자신에게 돌리면서도 자신의 내적 경험에 관한 의미 있는 정보는 주지 않고 있습니다. 자기를 더 드러내려면 이렇게 말하면 됩니다. "약속한 것보다 준비 시간이 더 오래 걸려서 내가 미안해."

3. 아니다.

나는 당신이 나를 존중하지 않는다고 느껴: 이 말은 상황에 대한 평가를 담고 있지만, 화자에 관한 정보를 드러내지는 않습니다. 대신 이렇게 말해보세요. "나는 당신이 나한테 사용하는 말투가 용납이 안 돼."

4. 아니다.

나는 당신이 나한테 지시하는 거 그만해줬으면 해: 이 말은 화자에 관한 정보를 직접 드러낸다기보다는 요구에 가깝게 들립니다. 대신 이런 식으로 말해보세요. "내가 정신이 없어져서 지금 당장은 당신 조언을 활용할 수가 없겠어."

5. 그렇다.

저는 우리가 그 프로젝트 작업에 속도를 냈으면 좋겠어요: 이 말도 실제로 화자가 원하는 바를 드러내긴 하지만, 더 뚜렷하게 표현해볼 수도 있습니다. 이렇게 말해보세요. "저는 우리가 작업에 속도를 내서 이 일을 빨리 끝내고 다들 일찍 퇴근하면 정말 좋을 것 같아요."

6. 그렇다.

나는 환영받지 못한단 느낌이 들어: 이건 화자만이 확실하게 아는 내적 경험을 분명히 드러내는 발언입니다. 대화를 시작하는 좋은 방법이죠.

7. 그렇다.

나는 네가 잠깐 앉아서 나와 얘기해주면 고마울 것 같아: 이 문장은 자신의 내적 경험에 관한 예측을 명확히 드러냅니다.

8. 그렇다.

나는 당신이 무사히 집에 돌아오니 안심돼: 이 말 또한 화자의 내적 경험에 관한 정보를 전달하고 있습니다.

9. 아니다.

나는 그 식당에 다신 안 갈 거야: 이 말은 앞으로의 행동을 정확히 예견하는지는 몰라도, 화자가 그 식당에서 어떤 경험을 했는지에 관한 정보는 담고 있지 않습니다. 대신 이렇게 말해보세요. "배탈 때문에 거기 또 가서 먹고 싶은 생각이 싹 사라졌어." 이 문장은 나로 시작하지는 않지만, 화자의 경험에 관한 정보를 훨씬 더 많이 담고 있습니다. 이렇게 반드시 문장을 나로 시작해야만 '나 대화법'의 의의를 달성할 수 있는 건 아닙니다.

유대감 강화하기

지지와 자양분을 선사하는 친밀한 관계는 스트레스를 완화해주는 동시에 우리가 스스로 성장하고 목표를 향해 나아갈 수 있도록 하는 넉넉한 공간을 제공합니다. 지금까지 우리는 신뢰를 쌓고, 최선을 다해 자기와 타인을 받아들이고, 솔직하고 명확하게 대화를 나누는 것이 친밀한 관계를 키워 나가는 데 필요한 핵심 요소임을 살펴보았습니다. 이제 여기서 한 걸음 더 나아가, 한층 더 긍정적인 소통을 하고 서로에 대한 지지를 다질 수 있는 깊은 의사소통의 방법을 한 가지 알려드리려 합니다.

어린 시절 우리는 인간관계의 황금률을 배웠습니다. 자기가 대접받고 싶은 대로 상대를 대접하라는 것이죠. 일반적으로 이 규칙은 어른이 된 뒤에도 적용됩니다. 우리는 대체로 타인을 상냥하고 책임감 있고 솔직하게 대하고자 하며, 우리도 그렇게 대접받기를 바라죠.

한편, 친밀한 관계나 애정 관계에서 우리는 소중한 사람의 아주 세세한 버릇과 성향까지 알게 되는 특권을 누립니다. 함께 시간을 보내며 관심을 쏟다 보면 그 사람을 '속속들이' 알게 되는 것이죠. 그래서 무엇이 그 사람을 웃게 하고, 뛸 듯이 기쁘게 하는지도 잘 압니다. 그건 우리 자신을 웃게 하고 기쁘게 하는 것과 똑같을 수도 있고, 매우 다를 수도 있습니다.

우리가 가장 소중히 여기는 관계는 우리에게 특별한 의미를 가지기 마련입니다. 거기에는 상대방을 속속들이 알기 때문에 그 사람만을 위한 긍정적 경험을 맞춤으로 준비해줄 기회가 있으니까요.

뛸 듯이 기쁘게 해주기

관계에서 서로를 지지해주고 자양분이 되어줄 분위기를 만들기 위해 상대를 뛸 듯이 기쁘게 할 만한 행동을 적극적으로 시도해봅시다. 관계를 유지할 때 긍정적 소통을 해나가기 위한 노력을 조금 곁들이면 두 사람 모두 따스한 기분을 느낄 수 있습니다. 그러니 망설이지 말고 다음 표를 채운 뒤 다음 주부터 여기 적은 것들을 하나씩 실천해보세요!

내 인생에서 중요한 사람	이번 주에 그 사람을 기쁘게 해줄 만한 일
예: 내 동생	예: 학위를 마친 동생을 내가 얼마나 자랑스러워하는지 알려줄 문자 메시지 보내기

핵심 요약

○ 안정형 애착은 타인에게 친밀감을 느끼거나 의지하게 될 때 거기서 스트레스를 받지 않고 유대를 형성하는 유형을 가리킵니다.

○ 안정형 애착의 신체적 자원은 스트레스와 위협을 관리하는 데 집중되지 않으므로 관계에서 문제를 해결하는 데 쓰일 수 있습니다.

○ 안정형 사고방식과 불안정 사고방식은 둘 다 겉으로 보기에는 비슷한 결과나 행동으로 이어질 수 있습니다. 둘 사이의 차이점을 파악하려면 거기에 깔린 동기와 생각, 감정을 파고들어야 합니다.

이 책을 읽으며 익힐 수 있는 기술은 다음과 같습니다.

◆ 안정형 애착 행동과 유사 안정형 행동의 차이를 인식하는 법.

◆ 화자에 관해 알려주는 의미 있는 정보가 담긴 '나 대화법'을 구분하는 법.

5장. 애착 유형 간 상호작용

이번 장에서는 관계에서 여러 애착 유형이 이루는 조합을 하나씩 살펴봅니다. 어떤 조합이든 두 파트너는 단단하고 안정적인 관계를 가꿔나갈 수 있지만, 조합에 따라 특징적으로 나타나는 문제도 존재합니다.

각기 다른 관계가 우리의 애착 유형에서 각기 다른 측면을 끌어낸다는 점을 기억하는 게 중요합니다. 모든 관계는 당사자들이 각자 가져온 것, 그리고 두 사람이 공유한 시간이 전부 합쳐져 독특한 그림을 이루죠. 개개인의 재능과 능력, 그리고 취약점과 단점이 관계에 반영된다는 뜻입니다.

불안정 애착 패턴은 관계 안에서 갈등이 생기거나 큰 변화가 일어나 결정을 내려야 할 때, 관계 밖에서 힘든 일이 생겼을 때나 어려운 시기를 보낼 때 등 스트레스가 발생하는 상황에서 나타납니다. 애착 유형은 일반적으로 사람들이 그런 스트레스 요인에 대응해 관계를 활용하는 방식에 영향을 미치죠. 불안형 애착 성향이 있는 사람은 파트너에게 끊임없이 지지와 확인을 요구할 수 있습니다. 회피형 애착 쪽에 가까운 사람이라면 폭풍우가 지나갈 때까지 웅크리고 있는 편을 선호하겠죠. 한편 안정형 애착인 사람은 파트너와 함께, 더 가깝게 지내며, 안전하게 스트레스 상황에서 벗어나기 위해 노력할 가능성이 큽니다.

사람은 자기가 갖게 될 애착 유형을 선택할 수 없습니다. 그렇다고 불안정 애착 패턴이 무분별하게 펼쳐지도록 내버려두다 보면, 왜 관계에서 같은 문제가 끝없이 반복되는지 의아해지는 때가 옵니다. 결국 자기 자신과 파트너의 애착 패턴에 관해 배우기 위해 관심과 노력을 쏟아야겠다는 깨달음에 이르게 되죠.

이번 장에서 배우게 될 내용

이번 장에서는 주요 애착 유형 조합 여섯 가지, 즉 불안-불안, 회피-회피, 불안-회피, 안정-불안, 안정-회피, 안정-안정 상호작용의 뚜렷한 특징을 살펴보려 합니다. 이런 정보는 내 애착 유형이 관계 안에서 어떻게 드러나는지를 더 세부적으로 인식하고, 각각의 상호작용에서 흔히 나타나는 강점과 주의점을 분별하는 법을 배우는 데 도움이 됩니다. 애착 유형 조합에 관한 설명과 실제 커플들의 사례를 보며 각각의 조합이 어떤 식으로 안정된 관계를 이룰 수 있는지, 그리고 조합별로 무엇이 안정성을 흔드는 주된 문제가 되는지 알아봅시다.

더불어 이번 장에는 안정된 관계를 쌓기로 마음먹은 분들이 시도해볼 수 있도록 친밀감을 높이는 놀이와 의식을 활용한 과제도 준비해두었습니다. 애착 조합별로 발생하기 쉬운 문제와 서로의 강점을 활용할 과제가 마련되어 있는데, 꼭 로맨틱한 관계에만 적용할 수 있는 것은 아닙니다. 파트너와 함께하고 싶을 땐 이 과제를 보여주고 왜 함께하고 싶은지 이야기한 다음 해볼 마음이 있는지 물어보면 됩니다.

가장 좋아하는 놀이

편안하고 즐거운 마음으로 이번 장에 임하고 있다면 잘하고 계신 겁니다. 어린 시절 상상력을 펼치며 놀던 때의 신나는 기분을 기억하나요? 우리 뇌는 같은 활동을 사람들과 함께할 때 문제 해결과 학습 면에서 가장 높은 효율을 보이죠. 어른이 된 뒤에도 재미있는 놀이는 소통하고, 생각하고, 창조성을 발휘하고, 긍정적 감정을 경험하는 능력을 키우는 데 도움이 됩니다.

노는 게 어떤 기분이었는지 기억을 되살리기 위해 어린 시절이든 어른이 된 뒤든 내가 가장 즐겁게 했던 놀이를 세 개에서 다섯 개 정도 저어보세요.

이번 장을 마칠 때까지 이런 놀이를 하던 때와 똑같이 신나는 기분을 유지하려고 노력해봅시다!

불안형-불안형 상호작용

애착 스펙트럼에서 불안 쪽에 가까운 두 사람은 관계에 열정적으로 임하는 동시에 어려운 상황이 닥치면 서로 버림받을까 두려워하는 파트너가 될 가능성이 큽니다. 이 조합은 두 사람 모두 마음을 억제하지 않으므로 열렬한 관계를 맺는 편이죠. 이들은 열린 마음으로 자기를 쏟아붓기를 좋아하는데, 때로는 그 정도가 지나칠 때도 있습니다.

이들에게 최악의 시나리오, 즉 가장 심한 고통을 일으키는 갈등은 두 파트너 모두 상대에게 버림받았다고 느낄 때 일어납니다. 버려졌다는 감정을 자극하는 트리거는 저마다 다르지만, 불안형 애착인 두 사람이 만나면 심하게든 가볍게든 그런 감정을 느낄 일이 생기기 마련이죠. 벼리와 시시에게도 바로 그런 일이 일어났습니다.

지우와 예주는 30대 후반이며, 10년 넘게 단짝으로 지냈습니다. 이들은 둘 다 불안형 애착이죠. 두 친구 모두 변호사로 일하며, 치열한 토론을 좋아합니다. 여러 해 동안 둘의 우정에는 애착 불안정성이 확연히 드러나는 자잘한 사건이 몇 번 있었습니다. 지우는 예주가 음악 축제에 같이 가잔 말을 안 해서 자길 따돌렸다고 느낀 적이 있고, 예주는 지우가 사건에 관해 조언해주려 하지 않아서 상처받은 적이 있었죠. 하지만 둘은 늘 이런 갈등의 해법을 찾았고, 그런 뒤에는 새삼 우정의 소중함을 느꼈습니다.

이들의 관계 안정성이 처음으로 시험에 든 건 예주가 결혼하고 아이를 낳은 뒤였습니다. 예전에는 전화를 받지 못해도 그날 안에는 전화를 걸던 예주가 갑자기 연락에 일주일씩 걸리기 시작했죠. 가정에서 새로운 역할을 맡느라 그만큼 여유가 없어졌거든요. 게다가 지우는 예주가 동네 부모들과 친하게 지내기 시작하자 강렬한 질투심을 느끼는 자신을 발견했습니다.

가정을 꾸리게 된 예주는 기뻤지만, 결혼과 출산에 따르는 의무와 책임은 상당히 버거웠습니다. 그래서 지우의 자유가 부러웠고, 사이가 예전만큼 끈끈하게 유지되지 않자 버려졌다는 느낌을 받았죠. 예주는 지우가 자기 가족에게 더 관심을 보이길 바랐고, 우정을 유지하기 위한 노력을 별로 기울이지 않는다고 그를 원망했습니다.

몇 달 동안 둘은 상대방의 잘못이라고 생각하는 점을 들어 서로에게 불평을 쏟아냈고, 상대방이 자신에게 책임을 '덮어씌운다'고 느끼며 방어적 태도를 보이게 되었습니다. 예주는 결혼해서 가정을 꾸린 것 자체로 비난을 받는다고 느꼈습니다. 지우는 지우대로 예주가 아이를 돌봐야 한다는 핑계로 우정을 유지하는 데 필요한 추가적 노력을 기울일 책임을 자기에게만 떠넘기는 것 같아 억울했고요. 둘 다 상대방에게 버려졌다고 느낀 겁니다.

하지만 결국 두 사람은 서로 같은 감정을 품고 있음을 깨달았습니다. 둘 다 상대방을 그리워하지만, 삶에 일어난 변화 앞에서 우정을 어떻게 유지해야 할지 잘 모른다는 사실을요. 스트레스를 상대방 탓으로 돌리기를 멈추자, 이 친구 관계가 자기한테 얼마나 소중한지가 보이기 시작했죠. 싸움은 그런 마음이 비뚤어진 방식으로 드러난 것뿐이었습니다.

불안-불안 역학 관계인 커플을 비롯해 관계 당사자들의 상담은 서로 비난을 주고받으며 길어지는 경향이 있습니다. 하지만 의도 자체가 나쁠 때는 거의 없죠. 오히려 만족스러운 해결책을 간절히 바라며 그것을 찾기 위해 기꺼이 노력하려 합니다. 하지만 이렇게 노력을 기울이려 해도 불안정성과 불안감이 건드려지면 공황이 찾아오고 그것이 좋은 의도를 덮어버립니다. 만성 불안을 느끼다 보면, 두려움에 기반을 두고 사랑하는 사람의 행동을 해석하게 될 때가 많습니다. 버림받았다고 느꼈던 지우와 예주처럼 말입니다. 이런 관계는 보통 같은 싸움을 반복하는 악순환에 갇히고 맙니다. 고리를 끊으려고 애를 써도 쉽지 않죠.

　　두 사람 모두 자신의 민감한 부분이 건드려졌음을 깨닫고 이해심 있게 반응하며 건강한 대화를 시도한다면 공황 상태에서 벗어나 서로가 서로를 얼마나 잘 알며 관계를 얼마나 소중히 여기는지를 새삼 느낄 수 있습니다. 더불어 불안형들은 버려지는 기분이 얼마나 고통스러운지를 뼛속 깊이 알고 있기에 서로 깊은 공감과 소통을 나눌 가능성도 적지 않습니다.

'노 노 예스' 게임

건강한 경계선은 안정된 관계의 주춧돌입니다. 건강한 경계선을 설정하려면 나와 파트너가 어떤 식으로 허락을 표시하는지, 거절을 표현하는지 배울 필요가 있습니다. 불안형들은 안 된다고 말하기를 어려워하거나 두려워하기도 합니다. 이 게임에서 두 사람은 편안한 마음으로 허락할 수 있게 될 때까지 돌아가면서 여러 번에 걸쳐 안 된다고 말하는 연습을 하며, 그동안 서로를 꼼꼼히 관찰하게 됩니다.

먼저 요청하고 안 된다는 말을 거듭 듣게 되는 쪽은 이 게임을 통해 상호 협의에 기반을 두고 요청하는 법과 상대의 반응을 보고 접근 방식을 수정하는 법을 배우면서 새롭고 다양한 방법을 시도해볼 수 있습니다. 비언어적 의사소통 기술을 갈고닦고 몸짓 언어, 목소리 톤과 억양을 더 효율적으로 활용하는 데 알맞은 게임이죠. 가볍게 즐기는 태도를 유지하는 걸 잊지 마세요!

1. 서로 쉽게 눈을 마주치고 표정을 읽을 수 있을 만큼 가까운 거리에 마주 보고 편안하게 앉습니다. 누가 파트너 A를 맡고 누가 파트너 B를 맡을지 정하세요.

2. 파트너 A: 당신이 할 일은 파트너 B가 알았다고 할 때까지 "부탁해"라는 말을 다양한 방식으로 반복하는 것입니다. 다른 단어는 쓰면 안 되지만, 다양한 감정과 태도, 톤으로 말할 수는 있습니다. 이런저런 방식으로 접근하기 위해 몸짓이나 눈 맞춤을 활용하는 것도 좋습니다. 도움이 될 것 같으면 "부탁해"라는 말을 할 때 생각할 특정 요구 사항을 떠올려도 되지만, 파트너에게 이를 밝히지는 마세요. 그저 파트너가 허락할 때까지 다양한 방식으로 "부탁해"라는 말을 계속 해봅니다.

   파트너 B: 당신이 할 일은 첫 시도에 일단 안 된다고 말하고, 진심으로 허락하고픈 기분이 들 때까지 계속 거절하는 것입니다. 도움이 될 것 같으면 파트너가 당신에게 특정한 요구를 하고 있다고 생각해도 되지만, 그 내용을 파트너에게 알리지는 마세요.

함께 살펴볼 질문:

- 안 된다고 말할 때 어떤 기분이 들었나요?
- 언제 안 된다고 말하기가 가장 쉬웠나요?
- 허락 쪽으로 마음이 움직일 때 몸에서는 어떤 감각이 느껴졌나요?
- 파트너의 어떤 모습을 보고 허락하고 싶은 마음이 들었나요?
- 게임이 한 차례 끝날 때까지 된다는 말이 안 나왔다면, 파트너가 어떻게 행동해야 진심으로 허락하는 데 도움이 되었을 것 같나요?

적이두고 싶은 것:

_____

_____

_____

_____

_____

_____

회피형-회피형 상호작용

회피형-회피형 조합의 관계는 초반까진 매우 평온할 때가 많습니다. "갈등? 무슨 갈등? 우린 정말 잘 맞아." 이들은 사실 암묵적 협정을 맺은 상태입니다. '당신이 먼저 배를 흔들지 않으면 나도 가만히 있을게.'

백악관에 입성하기 한참 전, 도널드 트럼프는 세 번째 아내 멜라니아와 결혼한 직후 자기 결혼관을 이렇게 설명했습니다. "우리 관계는 아주 자연스러울 따름입니다. (…) 집에 돌아가서까지 관계에 노력을 들이고 싶지 않아요. 노력을 쏟아야 하는 관계는 잘 돌아가는 관계가 아니죠." 멜라니아도 비슷한 얘기를 했습니다. "그 사람은 항상 일을 하잖아요. (…) 그 사람에게 달라지라고 하기는 싫어요. '집에 와서 나랑 있자'고 말하고 싶진 않다는 거죠. 남편을 바꿀 생각은 없어요. 그 사람한테 공간을 주고 싶고요. 우리 관계에서는 그 점이 중요하다고 생각해요." 결혼에 대한 이들 부부의 설명은 회피형-회피형 조합이 관계 초기에 보이는 양상과 관련이 있습니다. 초반에는 모든 것이 아주 잘 돌아가는 듯 보이죠. 이들은 뭔가 분란의 소지가 있는 영역에서는 서로 건드리지 않으려고 몸을 사립니다. 관계에서 이상적이고 편안한 부분은 한껏 즐기고, 나머지는 무시하는 거죠.

이런 유형의 관계는 시간이 지나면서 둘 중 한 명 이상이 더 많은 것을 바라게 되고, 상대방이 제공하기 어려운 것을 원하게 되면 무너질 위험에 처할 수 있습니다. 채워지지 않은 욕구가 견딜 수 없어질 정도가 되면 한쪽 파트너는 암묵적 합의를 깨고 불만을 입에 담기 시작하죠. 이럴 때 둘의 관계는 불안-회피 상호작용처럼 보이기도 합니다. 처음에는 불만 표출이 간접적이지만, 상황이 나아지지 않으면 좌절감과 적의가 점점 더 심해지고, 곧 뭔가를 시도하지 않으면 관계 자체에 문제가 생길 게 자명해집니다.

기언과 민재는 결혼한 지 12년 된 부부였습니다. 어느 날 밤 춤을 추러 나갔던 두 사람은 곧장 사랑에 빠졌죠. 기언은 주변에서 재미있고 활발하다는 평을 들어왔고, 민재는 남을 잘 챙기고 책임감 있으며 똑똑하다는 말을 듣는 사람이었습니다. 둘은 늘 함께 즐거운 시간을 보내지만, 뭔가 진지한 대화나 갈등의 소지가 있는 얘기를 나누어야 할 때만은 예외였습니다. 그럴 때면 농담도 나오지 않고, 몸짓도 어색하게 굳어버렸죠. 둘 다 타인의 고통에 민감했기 때문에 관계 문제로 상대방에게 '부담'을 주지 않으려고 애를 썼습니다.

이들은 회피를 위해 다양한 방법을 사용했습니다. 둘

이 공유하는 방식은 유머와 말 돌리기였죠. 회사 일로 출장이 잦았던 민재는 출장 업무를 필요 이상으로 더 자주 맡았습니다. 기언은 '민재를 위한다'는 명목으로 자신의 좌절감과 상처, 분노를 부정했고요. 그러느라 스트레스를 받은 기언은 결국 원인 불명의 소화불량에 시달리게 되었습니다. 관계가 이런 식으로 흘러간 지 몇 년이 지난 뒤 기언의 불만이 터져나오기 시작했고, 두 사람 모두 깜짝 놀랄 사태가 벌어지고 말았습니다. 기언이 불만이나 분노를 표출할 때 거기에 자극받은 민재 또한 예전에 묻어두었던 둘 사이의 사건에 얽힌 분노가 솟구치는 것을 느꼈죠. 그렇게 순식간에 갈등의 골이 깊어졌습니다.

민재와 기언은 서로 심기를 거스르지 않게끔 굴다가 이런 상황까지 오게 되었습니다. 일단 판도라의 상자가 열리자 그걸 다시 닫기란 불가능했죠. 만족스러운 관계로 돌아가려면 두 사람은 갈등을 회피하는 버릇에서 벗어나 그간 쌓아두었던 문제를 하나씩 다루는 기술을 배워야 했습니다. 더불어 두어 해 뒤에 똑같은 상황에 다시 빠지지 않으려면 문제가 발생했을 때 이를 적절히 처리하는 연습도 해야 했죠.

결국 이 부부는 변화를 이루어냈습니다. 허울 좋은 평

화를 유지하는 대신 시간을 들여서 서로 의식적으로 안부를 확인하는 법을 배웠고 덕분에 다시 관계를 즐기게 되었죠. 갈등 회피는 조화가 아닙니다. 그래서 이 커플은 무작정 갈등을 겁내기보다 새로운 도구를 활용해 두려움을 느끼지 않는 방법으로 차이를 조율하는 법을 배워야 했죠.

회피형-회피형 조합은 불안정성에 빠지기 쉽습니다. 회피되는 부분이 많아질수록 관계에서 진정한 안정성을 유지하기가 어려워지기 때문이죠. 회피 전략을 쓰면 문제를 눈앞에서 치울 수는 있지만, 시간이 지나면서 달라지는 욕구와 소망을 어떻게든 다루어내지 않으면 관계가 무너질 위기에 처하게 됩니다. 회피 패턴으로 유지되는 관계는 결국 감정적 지뢰밭을 걷는 거나 마찬가지인 상태가 되며, 지뢰를 피하는 데 너무 큰 노력이 요구되어 상대방에게서 얻는 즐거움을 상쇄하고도 남을 지경이 되어버리고 말죠.

감정 확인하기

개인적 욕구를 열린 마음으로 드러내려는 의식적 노력이 부족할 때 관계는 악순환에 빠지고 사이는 멀어집니다. 관계를 더욱 깊어지게 할 간단한 훈련법으로 표면적인 얘기만 하거나 서로 잘 지낸다는 말만 하는 대신, 감정 단어를 활용해 규칙적으로 안부를 확인하는 노력을 기울이는 방법이 있습니다. 더 정확한 감정을 파악하는 걸 별것 아닌 일이라고 여길지 모르지만, 사실 친밀감을 강화하는 데 큰 도움이 되는 방법입니다. 이 과제는 파트너와 함께 진행해봐도 좋고, 혼자 해봐도 좋습니다.

부정적 감정(흥분도 높음)	단절	부정적 감정(흥분도 낮음)
조바심이 난다	냉담한 상태다	지루하다
공격적이다	방어하게 된다	우울하다
짜증이 난다	실망스럽다	절망적이다
불안하다	거리감을 느낀다	기운이 꺾였다
억울하다	산만하다	낙심한 상태다
혼란스럽다	믿음이 안 간다	울적하다
의심스럽다	모욕적이다	마음이 무겁다
부아가 치민다	관심이 없다	희망이 없다
진이 빠진다	질투가 난다	무의미하다
겁이 난다	보호하려 든다	비관적이다
어찌할 바를 모르겠다	원망스럽다	무감각하다
갈팡질팡한다	경계하게 된다	슬프다
분하다	물러서게 된다	냉소적이다
화가 치민다		불행하다
거슬린다		관심이 없다
초조하다		
압도된 기분이다		
공황 상태다		
약이 오른다		
속상하다		
걱정스럽다		

긍정적 감정(흥분도 낮음)	소통	긍정적 감정(흥분도 높음)
차분하다	수용된다	경이롭다
집중력 있다	다정하다	놀랍다
편안하다	고마워한다	창의적이다
만족스럽다	호기심이 든다	할 수 있을 것 같다
평화롭다	친근하다	원기가 왕성하다
흐뭇하다	감사하다	생기가 넘친다
고요하다	정답다	의욕적이다
느긋하다	진솔하다	신난다
안전하다	장난스럽다	희망적이다
흡족하다	존중받는다	기쁘다
평온하다	든든하다	열정적이다
	공감이 된다	자랑스럽다
	감동적이다	감탄스럽다
	신뢰가 간다	
	소중하다	

1. 앞으로 한 주 동안 감정 안부를 매일 묻기로 약속합니다. 아주 간단하게 할 수도 있고, 왜 그런 식으로 느끼는지 설명을 덧붙여서 좀더 자세하게 해보아도 좋습니다. 평소보다 내 상태를 상세하게 묘사하려고 노력해보세요. 그냥 괜찮다든가, 별일 없다든가 하는 무난한 말로 답하지 말고 반드시 감정 단어를 사용해야 합니다. 115쪽에 있는 기분 목록을 활용하면 구체적 감정 표현을 더 수월하게 찾을 수 있습니다. 나중에 들여다볼 수 있게 아래의 요일별 감정표에 감정을 매일 기록해두세요.

2. 이 안부 묻기를 언제 어떤 식으로 하는 게 나와 파트너에

게 잘 맞을지 미리 상의해서 정해보세요. 직접 말로 해도 좋고, 전화나 문자 메시지로도 좋습니다. "서로 안부 물어보자. 오늘은 기분이 어때?"처럼 간단하게 해도 됩니다. 감정을 이야기했을 때 대답으로 격려나 감사의 말을 듣고 싶은지, 대답은 딱히 필요 없는지, 아니면 다른 반응을 원하는지도 미리 얘기해두세요. 혼자 해보고 있다면 안부를 물었을 때 내 반응을 수첩에 적어두세요.

3. 한 주가 끝나면 오른쪽에 있는 '함께 살펴볼 질문'을 보며 요일표에 적은 내용을 검토해보세요.

요일	내 감정	파트너의 감정
월요일		
화요일		
수요일		
목요일		
금요일		
토요일		
일요일		

함께 살펴볼 질문:

- 평소 다른 사람들과 감정을 나눌 때와 이 과제를 할 때 느낌은 어떻게 달랐나요?
- 나에 대해 무엇을 알게 되었나요?
- 파트너에 대해 무엇을 알게 되었나요?
- 앞으로도 감정 단어를 활용해 안부 묻기를 계속할 생각이 있나요?

적어두고 싶은 것:

_____

_____

_____

_____

_____

_____

불안형-회피형 상호작용

애착이론에서 한쪽은 불안형이고 한쪽은 회피형인 이 조합은 종종 추격자-도망자 관계로 불립니다. 양쪽 모두 위협에 대한 육감이 뛰어나지만, 각자의 본능에 따라 반대 방향으로 움직이죠. 직관적으로 상대의 행동을 이해하는 대신, 두 사람은 서로 혼란스러운 상태로 상처를 주고받으며, 원래 안고 있던 불안정성은 더욱 커집니다. 그렇게 오해가 한층 더 깊어지면 한쪽 파트너는 숨어버리고 다른 한쪽은 문을 쾅쾅 두드리는 상황에 이르게 됩니다.

50대 초반의 대학교수인 수환과 승제는 10년이 넘게 연구 파트너로 함께 일했습니다. 둘은 각자 결혼해서 아내가 있었지만, 아내들조차 두 사람의 연구와 파트너 관계가 결혼 생활보다 여러모로 우선시된다고 인정할 정도였죠.

수환은 회피형에 속했고, 승제는 불안형에 가까웠습니다. 이들은 가끔 탄탄한 지적 토론의 선을 넘어서는 말다툼을 벌이기도 했습니다. 하지만 둘은 서로 인정과 자극, 동료애, 상호 존중을 주고받으며 의존하는 관계였죠. 두 사람 모두 이런 것들을 매우 소중히 여겼습니다.

두 친구는 서로를 진심으로 아꼈지만, 관계가 순탄하지만은 않았습니다. 둘은 학문적으로 경쟁하느라 마찰을

빛을 때도 있었죠. 공동 저자로 논문을 쓰면 좀더 사근사근한 성격인 수환이 대외적 관심을 받을 때가 많았고, 이로 인해 승제는 이용당했다거나 소외당했다는 기분이 들기도 했습니다.

불안형 애착이었던 승제는 수환에게 버림받고 소중한 관계를 잃을까 봐 몹시 두려워졌습니다. 그는 수환이 주목받고 싶어 사람들의 관심을 끈다고 해석하고 홀로 남겨진 기분에 빠졌습니다. 어린 시절 과소평가받고 따돌림을 당한 경험이 있었던 승제는 성인이 된 뒤에도 그런 역학 관계에 매우 민감했습니다. 그래서 크고 작은 방법으로 항의하기 시작했죠. 수환이 이기적으로 군다고 비난했고, 더는 같이 일하지 않겠다고 위협했습니다.

하지만 수환은 주목받고 싶단 생각이 전혀 없었습니다. 그저 거절을 잘 못하는 편이고 좋은 평판을 쌓고 싶었기에 연구에 관해 질문하는 이들에게 친절하게 답한 것뿐이었죠. 회피형인 수환 또한 몇 가지 전형적 실수를 저질렀고, 불안형인 승제를 오해하며 자신에게 화가 난 진짜 이유를 헛짚었습니다. 승제가 연구 성과에 관한 공을 공평히 나누지 않았다고 화를 내거나 전반적으로 심드렁한 태도를 보일 때 수환은 이를 자기 인격에 대한 비난으로 받아들였죠.

그래서 자기는 잘하는 게 없다는 무력감에 빠졌습니다. 이게 바로 수환의 취약한 부분이었죠. 승제의 항의를 공격으로 받아들인 수환은 궁지에 몰린 느낌이 들었습니다. 관계를 다시 원만하게 돌리려고 노력해봐도 결국에는 상처받은 마음으로 맞받아치기 일쑤였습니다.

상황이 나아진 건 승제와 수환이 마침내 서로의 감정적 상처를 진지하게 받아들이고 이해하는 법을 배우고 나서였습니다. 수환은 승제에게 귀 기울이고 더 사려 깊게 반응하는 법을 배웠고, 승제는 불만을 덜 위협적인 방식으로 표현하는 법을 익혔습니다. 둘은 공동 연구가 두 사람의 합작품임을 분명히 알리려 했고, 연구를 홍보하는 자리에 가능하면 함께 참석하려고 노력했습니다. 처음에는 두 사람다 자기 방식을 바꾸길 꺼렸지만, 정말로 문제가 되는 상황이 닥치자 변화를 무릅쓰더라도 우정을 지킬 가치가 있다고 판단한 것이죠.

동물 흉내 놀이

불안형-회피형 관계에 있는 커플들은 자기 패턴에 갇힌 나머지 각자 애착 스트레스와 위협을 느낄 때 점점 더 자기 방식대로 굳어진 반응만 보이게 될 때가 있습니다. 신경학자 스티븐 포지스의 말에 따르면 놀이야말로 위협의 해독제라고 하지요. 관계에서 두 사람이 특히 불안정성을 강하게 느끼는 부분을 다룰 때는 안전하고 즐겁다고 느낄 만한 여러 도구를 갖춰두면 도움이 됩니다. 그런 도구 중 하나인 이 놀이는 활발한 움직임으로 웃음과 기쁨을 선사합니다.

1. 최근 두 사람 사이에서 벌어졌던 두세 번의 다툼을 떠올려보고, 이 놀이에서 무엇을 재현해볼지 함께 상의해 정해보세요.
2. 각자 표현할 동물을 고릅니다. 가장 좋아하는 동물이어도 좋고, 다른 동물이어도 괜찮습니다. 상상력을 발휘해서 그 동물의 움직임과 울음소리를 따라해보세요.
3. 고른 동물의 움직임과 소리만 활용해서 그 다툼이 어떻게 진행되었는지 재현해보세요. 멍멍 짖고, 야옹거리고, 어흥 포효하고, 기고, 뛰어오르고, 총총거려보는 겁니다. 인간 언어는 안 되고요!
4. 타이머를 10분으로 맞추고 시간이 다 되거나 싸움의 결말이 나면 멈추세요.

5. 놀이가 끝나면 다음 길잡이 질문들을 활용해서 어떤 기분
   이 들었는지 서로 이야기를 나눠봅시다.

함께 살펴볼 질문:

- 동물 흉내를 내는 당신은 평소와 어떻게 달랐나요?
- 동물 흉내를 내는 파트너는 평소와 어떻게 달랐나요?
- 이 놀이를 하며 스스로 놀라웠던 점은 무엇인가요?

적어두고 싶은 것:

_____

_____

_____

_____

_____

안정형-불안형 상호작용

안정형-불안형 상호작용이 나타나는 관계는 두 사람이 갈등을 어떤 식으로 다루는지에 따라, 그리고 관계에서 주도권을 잡은 사람이 누구인지에 따라 안정형 쪽 또는 불안형 쪽으로 기울 수 있습니다. 불안형 애착 성향이 강한 쪽은 자신에게 관심을 집중시키는 경향이 있습니다. 감정을 더 절박하게 느끼고 더 충동적으로 행동하거나 말할 때가 많기 때문이죠. 불안형 파트너가 자기 불안을 스스로 달래고 자기 행동을 돌아보는 법을 배우거나, 안정형 파트너가 필요할 때마다 불안형 파트너를 돕는 법을 배우면 이들의 관계는 훨씬 더 부드럽게 돌아갑니다. 다음은 안정형-불안형 커플이 어떤 식으로 문제에 빠졌다가 다시 벗어나는지를 보여주는 사례입니다.

태주는 안정형 애착에 속하는 사람입니다. 2년 전 그는 불안형 애착 성향이 강한 벼리와 결혼했습니다. 최근 태주의 누나와 벼리 사이에 갈등이 빚어졌고, 그 결과 벼리는 시누이의 베이비 샤워에 초대받지 못하게 됐습니다. 그로 인해 태주 일가에는 긴장감이 감돌았고, 벼리는 그 이래로 계속 심란한 상태였죠. 어린 시절 자매들에게 괴롭힘을 당한 적이 있는 벼리는 친밀한 관계에서 거부당하는 것을 극도로 두려워하게 되었고, 성인이 된 뒤에도 이런 두려움이 자극되면 강한 불안 반응을 보였습니다. 남편의 가족과 갈등을 빚게 된 지금 그게 진짜로 심각한 것이든 자기 착각이든 벼리에게는 끔찍한 사태가 벌어진 것이었죠.

태주는 지금껏 벼리가 불안해할 때마다 해왔던 대로 이 까다로운 상황을 헤쳐나가려 했습니다. 그는 전형적 안정형답게 농담과 웃음을 활용해서 쉽게 벼리의 경계심을 풀었고, 따스하고 진심 어린 지지로 늘 아내를 효과적으로 안심시켰습니다. 하지만 이번에는 그마저 통하지 않았죠. 이 갈등에선 태주가 딱히 어느 쪽 편을 들지도 않았고, 벼리는 태주가 누나와 특별히 돈독한 사이도 아닌데 증폭된 자기 고통에 사로잡혀 태주와 시부모를 시누이의 행동과 분리해 생각하지 못했습니다. 불안정-불안형들은 어느 정도 이런 특성이 있습니다. 반응 패턴이 활성화되면 눈에 보이는 모든 것에 자신의 불안과 고통을 투사해버리죠.

남편이 자기 편임을 확인해서 시누이에게 거부당한다는 느낌을 어느 정도 상쇄하고 싶었던 벼리는 태주에게 매달렸습니다. 하지만 태주는 아내와 원가족 사이에서 어쩔 줄을 몰라 하며 벼리가 원하는 확신을 선뜻 주지 못했죠. 벼리는 태주에게 누나와 의절하라고 요구했고, 태주가 이를 거절하면서 둘은 교착 상태에 빠졌습니다. 안정형 애착의 특성대로 태주는 이 문제로 싸움을 걸거나(불안형 반응) 슬쩍 대답을 피하지(회피형 반응) 않고 깔끔하게 거절 의사를 밝혔죠.

상담을 받으면서 부부는 각자의 가족 관계를 존중하는 동시에 부부 사이의 유대감을 지켜주는 토대를 쌓는 법을 배웠습니다. 태주는 벼리의 감정을 인정하고 벼리가 느끼는 두려움을 더 구체적으로 이해해주는 법을 익혔습니다. 벼리는 괴롭힘당한 개인적 트라우마를 치유하려고 노력하는 한편, 자기 감정의 경계선을 잘 지키며 남편과의 유대에서 위협보다는 자신감을 느낄 수 있게 되었습니다.

두 사람의 관계는 이미 태주의 안정형 애착에서 오는 세심함 덕을 보고 있었습니다. 그의 차분하고 다정한 태도가 불안 성향인 벼리를 다독이는 데 큰 역할을 했죠. 개선이 필요했던 부분은, 가족 관계가 꼬였을 때 벼리가 우선시되고 보호받는다고 느낄 수 있도록 효율적으로 대처할 방법을 알아내는 것이었습니다. 누나와 연을 끊는 것은 너무 심한 대가였기 때문에 태주 입장에서 순순히 벼리가 원하는 대로 해줄 순 없는 노릇이었죠. 결국 이 부부는 상담이라는 외부적 도움을 받아들임으로써 둘 다 만족하는 형태로 문제를 해결할 수 있게 되었습니다.

의식 만들기

의식儀式이란 중요한 것을 상징적으로 기리는 일련의 행동과 관습입니다. 관계에서 의식을 마련하는 것은 두 사람이 공유하는 가치를 주기적으로 되새기는 데 더없이 좋은 방법이죠. 이번에는 나와 내가 사랑하는 사람을 위해 두 사람 모두 안전하고 안정된 기분을 느끼도록 해주는 특별한 의식을 마련하는 과제를 시도해보려 합니다.

1. 다음 관계 가치 가운데 이상적 관계에 있어 두 사람 모두 중요하다고 생각하는 항목을 하나 고르거나, 각자 하나씩 골라봅시다.

☐ 상냥함
☐ 주고받기
☐ 이해와 감사
☐ 애정
☐ 열린 마음
☐ 장난스러움
☐ 헌신
☐ 기쁨

2. 거창하게는 아니더라도 이 가치를 상징하는 간단한 활동

이나 행동을 하나 떠올려보세요. 아주 간단한 행동이라도 두 사람이 공유하는 의미를 담으면 특별한 의식이 될 수 있습니다. 다음은 '차'를 중심 소재로 위의 가치를 하나씩 담아 만든 의식의 예시입니다.

- 상냥함: 매일 밤 둘이 번갈아가며 차 우려주기
- 주고받기: 아침마다 서로 차 만들어주기
- 이해와 감사: 차를 마시기 전에 서로 감사 표현하기
- 애정: 차를 마시는 동안 소파에 사이좋게 붙어 앉기
- 열린 마음: 차를 마시면서 하루 일을 이야기하기
- 장난스러움: 번갈아가며 새로운 맛의 차를 준비해 놀래켜 주기
- 헌신: 매일 밤 똑같은 향의 차를 함께 마시기
- 기쁨: 일주일에 한 번 음악과 춤을 곁들여 다과 즐기기

3. 이제 의식을 얼마나 자주 할지, 언제 시작할지 의논해서 정합니다. 가능하면 만날 때마다 가볍게 뭔가를 하는 편이 좋습니다.

직접 만든 특별한 의식의 내용과 거기 담긴 의미를 적어보세요.

_____

_____

_____

_____

_____

_____

_____

_____

안정형-회피형 상호작용

안정형-회피형 관계 또한 안정형의 특징을 보일 수도, 회피형 쪽으로 쏠릴 수도 있습니다. 안정형 파트너가 먼저 나서서 회피형 파트너의 패턴을 정확히 파악하려고 노력하지 않는다면, 나중에 예기치 못한 상황이 벌어질지도 모릅니다.

인주와 형오는 30대 부부입니다. 함께한 지 8년이 지난 뒤 인주는 형오가 다른 여성과 관계를 발전시키고 있었으며, 감정적 표현과 성적 암시가 잔뜩 담긴 문자 메시지를 주고받고 있었다는 걸 알게 되었습니다. 인주에게 들킨 뒤 관계가 정리되긴 했지만, 두 사람은 마음을 치유하고 신뢰를 회복할 수 있을지 알아보기 위해 상담을 받기로 했습니다. 이 외도의 배경에는 두 사람의 애착 유형 차이가 얽혀 있었습니다. 인주의 애착 유형은 안정형에 가까운 반면, 형오는 회피형에 속했죠.

형오는 인주를 이상화했고, 자신이 아내에게 부족할까 봐 끊임없이 걱정했습니다. 인주를 잃을까 두려웠던 나머지 재정 문제 등 아내의 심기를 거스를 것 같은 일이 생겨도 그 이야기를 꺼내지 못하고 망설였죠. 아내가 자신을 떠날지 모른다고 생각하며 갈등의 여지가 있는 주제는 아예 감추거나 회피했습니다. 이렇게 속마음을 털어놓을 자유를 잃어버린 형오는 스스로 결혼에 속박당했다고 느꼈습니다. 외도 관계는 형오가 마음 한구석에서 늘 의심했던 대로 인주가 결국 떠나버릴 때를 대비한 일종의 보험이었죠.

인주는 스스로 안일하게 생각해 결혼을 유지하려는 노력을 기울이지 않았음을 인정했습니다. 늘 아무 문제 없다는 형오의 말을 곧이곧대로 믿으면 편했거든요. 어느 날엔가 남편의 외도가 의심돼 직접 물어본 적이 있긴 했지만, 형오는 부정했습니다. 뭔가 있다는 직감이 들었는데도 인주는 거기서 그냥 물러났죠. 한편으론 인주 또한 파헤쳐야 할 문제 같은 건 없다고 믿고 싶었던 겁니다.

인주의 안정형 애착은 형오의 외도에 대처하는 공정한 태도에서 잘 드러났습니다. 인주는 배신감과 충격을 느꼈고 그 점을 숨기지 않았지만, 동시에 차분하게 대응하며 더 많은 정보를 모으고 도움을 받겠다는 의사를 분명히 드러냈습니다. 무슨 일이 일어났으며 그게 둘의 관계에서 어떤 의미인지 섣불리 재단하지도 않았죠.

인주가 재정 문제와 외부 관계, 함께하는 삶에서 느끼는 진정한 감정에 관해 형오에게 더 자주 묻기 시작하면서 부부의 관계는 예전보다 더 단단해졌습니다. 인주는 차분하면서도 전혀 위협적이지 않은 태도를 보여주었고, 형오

또한 자기 틀을 깨고 나와서 열린 마음으로 솔직한 관계를 맺기 위해 한 발짝 내디딜 수 있었죠. 시간이 지나면서 형오는 차츰 자신감을 얻었고, 인주는 그의 단점까지 있는 그대로 받아들였습니다.

깊이 있는 대화

의미 있는 관계는 상대방에 관해 남들이 모르거나 굳이 시간을 들여 알려고 하지 않는 정보의 토대 위에 쌓이는 법입니다. 누군가를 알아가는 과정은 호기심과 상호작용, 피드백으로 이루어집니다. 이 과정에는 상대를 제대로 보고 이해하고자 하는 마음가짐뿐 아니라 자신을 드러내는 용기도 필요하죠. 이번 과제에서 친밀감을 더 돈독히 하는 대화에 대해 알아봅시다.

1. 파트너와 마주 보고 앉을 편안한 장소를 찾아 자리를 잡고 누가 먼저 시작할지 정하세요.

2. 자기 '차례'가 되면 각자 아래 제공된 질문을 하나씩 읽고, 파트너가 그 질문에 어떻게 대답할지 예상해보세요. 아래의 '문장 길잡이'를 참고해서 예상되는 답을 말하면 됩니다.

3. 예상한 답이 본인의 대답에 근접했는지 파트너에게 묻고, 필요한 만큼 답을 바로잡거나 확인할 시간을 줍니다. 파트너가 대답하는 동안에는 끼어들지 말고 귀를 기울이세요. 대답이 끝나거든 파트너에게 자세히 말해줘서 고맙다고 한 뒤 다음 질문으로 넘어갑니다.

4. 네 가지 질문에 모두 답하고 나면 역할을 바꿉니다.

질문과 문장 길잡이:

- <u>당신에게 가장 중요한 것은?</u> 내 생각에 당신한테 가장 중요한 건······

- <u>당신에 관해 내게 알리고 싶지 않은 사실은?</u> 내 생각에 당신이 내게 알리고 싶지 않은 건······

- <u>나한테 당신 목숨을 믿고 맡길 수 있어?</u> 내 생각에 당신은 나한테 목숨을 맡길 수 있고 / 없고, 그 이유는······

- <u>가장 마음에 안 드는 당신 자신의 모습은?</u> 내 생각에 당신이 스스로에 대해 가장 마음에 안 들어하는 점은······

이 과제를 하면서 특별히 인상적인 부분이나 놀라운 점이 있었다면 적어보세요.

_____

_____

_____

_____

안정형-안정형 상호작용

당연하게도 안정형-안정형 조합은 당사자에게나 주변 사람에게나 가장 기분 좋은 관계입니다. 이런 커플은 서로를 공정하게 대하고, 자기를 보호하기 위해 상대방에게 희생을 강요하지도 않죠. 개인적 관심사와 두 사람이 공유하는 공통의 목표 사이를 오갈 때도 물 흐르듯 자연스럽습니다. 대화를 나눌 때 오해가 생기면 금세 눈치채고 빠르게 상황을 정리해서 나쁜 감정이 쌓이지 않게 하는 데도 매우 능합니다.

으레 이런 커플은 탄탄한 관계를 유지하며, 싸울 일도 많지 않을 거라고 예상할 수 있습니다. 하지만 다른 관계와 마찬가지로 이런 관계도 시험을 받을 때가 있기 마련입니다. 안정형-안정형 조합을 잘 보여주는 커플의 사례를 보며 이 관계의 전형적 강점과 문제를 살펴보기로 하죠.

현세와 에스더는 둘 다 안정형 애착에 속합니다. 열두 해 넘게 함께한 커플인 두 사람은 고등학생 때 처음 만나서 대학생 때 사귀기 시작했습니다. 한창 잘 만날 때 현세와 에스더는 두 사람의 관계가 반석처럼 단단하다고 느꼈고, 실제로도 그런 관계를 한껏 누렸습니다. 물론 자잘한 말다툼은 있었지만, 이들은 시간을 내서 서로의 말에 귀를 기울이고 열린 태도로 자기 관점을 바꿀 줄 알았습니다. 그래서 상대방의 처지를 고려하려고 노력했고, 대체로 앙금을 남기지 않았죠. 둘 다 안정형 애착에 가까웠으므로 이런 태도는 어느 정도 자연스러운 것이었습니다.

인생에서 상당히 이른 시기에 만난 두 사람은 상대방을, 특히 직업적인 면에서 오랫동안 뒷받침해주었습니다. 현세는 경영 컨설턴트로 일했고, 최근에야 자신이 교육에 열정이 있음을 깨닫게 된 에스더는 마케팅에서 교육 쪽으로 진로를 바꾸었죠. 교육학 석사과정을 밟기 시작한 에스더는 난생처음 지적 자극이 되는 대화를 즐기며 목적의식에 고무된 느낌을 만끽했습니다.

공부와 연구, 현장 실습으로 동료 대학원생들과 더 많은 시간을 보내게 된 에스더는 차츰 그들과 자신 사이에 공통점이 많다는 사실을 깨달았습니다. 더불어 지적 호기심과 문화 행사에 대한 관심, 비슷한 가치관을 토대로 동료들과 더 깊은 우정을 나누게 되었죠. 그러다 보니 현세와 서로 사랑하기는 해도 그런 관심사에 있어서는 별로 겹치는 점이 없음을 깨달았습니다. 그래서 처음에는 현세를 새로 발견한 관심사 쪽으로 끌어들이려고 해보았지만, 그는 큰 매력을 느끼지 못했습니다. 물론 이게 대단한 문제는 아니었지만, 그럼에도 둘 사이에는 조금씩 간극이 생기고 말았죠. 현세도 이런 상황을 인지하긴 했지만, 어떻게 대처해야 할지 몰랐습니다. 두 사람의 관계에서 오는 편안함에 익숙해져서 에스더가 적극적으로 관계를 위태롭게 할 만한 일을 할 리 없다고 태평하게 생각하기도 했죠.

알다시피 살면서 맞게 되는 변화는 관계 안정성에 상당히 큰 문제를 일으킬 때가 있습니다. 사람은 변하기 마련이고, 관계를 우선시하며 거기 적응할 방법을 적극적으로 모색하지 않으면 이런 변화가 위협이나 걸림돌로 작용할 수도 있죠.

에스더와 현세는 관계 안정성을 흔드는 걸림돌을 넘어서는 데 필요한 기술을 이미 충분히 갖춘 상태였습니다. 둘 다 안정형 애착이므로 돌아가며 상대방의 말에 귀를 기울였고, 진심으로 상대의 관점에서 생각할 줄도 알았죠.

하지만 에스더가 경험하는 중대한 변화와 성장을 고려할 때, 두 사람은 그럼에도 관계를 최우선으로 여겨야 할지 결정을 내릴 필요가 있었습니다. 두 사람 모두 이 관계를 지속할 가치가 있다는 결론에 이른다면, 둘이 함께 만든 편안함의 틀을 깨고 나와 성장하고 변화하는 욕구에 관심을 쏟고, 합심해서 창의적 노력을 기울이며 대응책을 세워야 하겠지요.

반대로 두 사람이 각자의 길을 가기로 한다면, 이때도 안정형 애착다운 방식으로 이별을 고할 가능성이 큽니다. 이별은 신중한 고려 끝에 상호 합의로 이루어질 테고, 두 사람은 건강한 방식으로 나아갈 수 있도록 서로 마음을 정리하고 다잡을 기회를 주겠지요.

안정형 애착인 이들은 관계에 헌신할 때나 헤어질 때나 상대방의 욕구를 배려하고 공정한 태도를 보이려고 노력합니다. 안정형 애착끼리라도 다른 모든 조합과 같은 이유로 관계에 변수가 생길 수 있고, 그렇게 서로 성장하면서 멀어지게 될 수도, 인생의 중대한 갈림길에 이르러 관계가 끝나거나 커다란 변화를 맞이할 수도 있습니다.

고요한 사랑

눈을 지긋이 맞추는 것은 서로 더 가까워짐으로써 따스하고 안전한 느낌을 받는 데 매우 효과적인 방법입니다. 처음으로 눈을 맞출 때는 둘이 아무리 잘 아는 사이라 해도 경계심이 들거나 어색하게 느껴질 수 있지요. 하지만 느리고 편안하게 호흡하며 눈을 맞춘 채 긴장을 풀면 옥시토신을 비롯해 유대감과 관계되는 호르몬이 활성화되면서 '고요한 사랑'이라고 불리는 상태에 접어들게 됩니다.

1. 파트너와 마주 보고 편안히 앉습니다. 최소 5분에서 최대 30분까지 타이머를 맞추세요.
2. 파트너의 눈을 가만히 들여다봅니다. 평소처럼 눈을 깜박여도 되지만, 눈길을 피하지는 마세요. 자기도 모르게 시선이 다른 쪽을 향했다면 그냥 다시 파트너의 눈을 바라보면 됩니다.
3. 어떤 경험을 했는지 파트너와 공유하세요. 다음 질문들을 주제 삼아 이야기해보세요.

- 신기했던 점이 있나요?
- 어려웠던 점은 무엇이었나요?
- 쉬웠던 점은 무엇이었나요?
- 과제를 시작하기 전에는 파트너와 얼마나 연결된 느낌이 었나요? 과제를 하는 동안, 끝낸 뒤에는 어떻게 달라졌 나요?

적어두고 싶은 것:

_____

_____

_____

_____

_____

_____

_____

핵심 요약

O 애착 유형별 상호작용은 크게 여섯 가지, 즉 불안형-불안형, 회피형-회피형, 불안형-회피형, 안정형-불안형, 안정형-회피형, 안정형-안정형으로 나뉩니다.

O 상호작용 유형마다 자주 나타나는 특성, 관계에서 나타나는 문제, 강점이 있습니다.

O 애착 유형과 관계없이 관계 안정성은 상대방에게 쏟는 지속적인 관심, 상황을 이해하려는 노력, 두 사람이 계속해서 함께 검토해야 하는 공통된 미래상에 달려 있습니다.

이 책을 읽으며 익힐 수 있는 기술은 다음과 같습니다.

◆ 의식, 놀이, 토론, 비언어적 의사소통을 활용해 관계를 강화하고 더 깊은 친밀감을 쌓는 방법.

6장. 안정적인 관계를 위하여

기나긴 여정

건강한 관계 쌓기는 평생에 걸쳐 해나가야 하는 과정입니다. 안정형 애착에 속하는 이들도 기복은 있기 마련이고, 안정형의 강점으로도 감당하기 쉽지 않은 새로운 관계에 놓일 때도 있죠. 우리가 할 수 있는 최선은 내면에서 아직 불안형이나 회피형 애착 성향으로 힘들어하는 부분을 세심히 들여다보고, 이를 치유하는 데 필요한 자원을 꾸준히 활용하는 것입니다. 애착 불안정성을 이해하고 치유한다면 모든 인간관계에 긍정적인 변화를 가져올 수 있습니다.

현대 과학으로도 아직 뇌의 모든 비밀을 밝히지는 못했지만, 이 복잡한 기관이 타인과의 관계와 의사소통을 원활하게 하는 방향으로 진화해왔다는 사실은 널리 알려졌습니다. 인간이라면 태어난 순간부터 일평생 타인의 도움을 필요로 하는 것은 자연스러운 일이죠. 우리 뇌가 그런 식으로 만들어져 있으니까요. 하지만 애착 불안정성과 학습된 불안 또는 회피 행동 패턴은 이런 관계에서 안전과 신뢰를 얻는 데 방해가 됩니다.

애착 불안정성을 치유하는 여정은 복잡하기도 하거니와, 시간이 지나면서 진화합니다. 서로 감정적 의존도가 높을 수밖에 없는 로맨틱한 파트너 관계는 애착 불안정성으로 인해 발생하는 문제 때문에 상황이 복잡해지기 가장 쉬운 관계입니다.

우리가 믿고, 많은 시간을 같이하고, 함께 감정적 안전감과 안정감을 일구는 이들과 상호작용하는 방법에는 무수히 많은 선택지가 있고, 그렇기에 관계는 매우 복잡하게 변화합니다. 이렇게 수없이 많은 선택지의 홍수 속에서 우리가 해야 할 일은 모든 종류의 관계에 적용될 우리 자신만의 근본적인 가치관을 기억하고, 이런 가치를 실천에 옮길 기술과 도구들을 활용하는 것입니다.

불안형 자아 치유하기

이 책을 읽으며 불안형 애착에 관한 설명에서 자기 모습을 발견했다면, 이제 뇌와 신경계가 특정 종류의 관계 스트레스를 겪을 때 보이는 반응이 곧 당신이란 사람 자체를 완벽히 대변하지는 않는다는 사실을 알게 되었을 겁니다. 몸과 뇌가 반응하는 방식이 문제를 일으킨다고 해도, 당신에게는 당신만의 관계 가치에 더 부합하는 방향으로 상황을 바꿀 힘이 있습니다.

처음으로 해야 할 일 가운데 하나는 당신이 관계에서 경험하는 생각과 감정, 신체 감각을 어느 정도 받아들이는 것입니다. 당신이 과거에 했던 일 가운데 결과가 좋지 않았던 일, 심지어 타인에게 상처를 주기까지 했던 행동을 용서하세요. 아직 나아질 여지가 있는 자신에게 연민을 보여주세요.

더 안정된 관계로 나아가는 데 도움이 될 만한 몇 가지 방법을 소개합니다.

- 내 욕구와 소망을 있는 그대로 받아들이는 동시에 타인을 인내심 있게 대한다.
- 사람들이 내 욕구를 채워주지 못해도 그게 나를 싫어한다는 뜻은 아니라는 걸 기억한다.

- 애착을 회복하기 위해 나와 상대방에게 각각 무엇이 필요한지 알아본다.

진희는 불안형에서 안정형으로 엄청난 진전을 이뤄낸 내담자였습니다. 과거에 그는 연애를 할 때마다 불안형 애착으로 인한 문제를 겪었습니다. 대개는 누구를 만나면 이번에야말로 '운명적 상대'일지 모른다는 희망을 갖고 곧 관계에 진지해졌죠. 하지만 파트너한테 실망하게 되면 이내 혼란에 빠져 상대를 탓하는 말과 행동을 했고, 결국 파트너가 지쳐 떠나는 일이 반복됐습니다.

이런 악순환에 진저리가 난 그는 관계를 어떻게 맺어가야 할지 배우기로 마음먹었습니다. 상담을 받기 시작했고, 이 주제에 관한 책을 최대한 많이 읽었고, 주변에서 신임을 받는 사람들과 대화도 나누었습니다. 그러면서 거기서 배운 지식을 조금씩 삶에 적용할 수 있게 되었죠. 그는 대인관계 기술에 자신감이 좀더 붙을 때까지 진지한 연애를 시작하지 않기로 했습니다.

그렇게 오히려 공동체와 우정에 집중할 여유가 생긴 진희는 로맨틱한 관계 바깥에서도 풍성한 삶을 누릴 수 있다는 걸 느끼기 시작했습니다. 조금씩 자신의 욕구와 소망을 드러내는 법을 배웠고, 누군가가 그 욕구를 채워주지 못할 때도 그걸 과도하게 속상해하지 않을 수 있게 되었죠. 당신이 진희와 비슷한 치유 과정을 거칠지 어떨지는 모르지만, 누구를 만나 어떤 식으로 치유를 도모하든 다뤄야 하는 주제는 비슷할 것입니다.

회피형 자아 치유하기

자기 안에서 회피형 애착을 발견했고 그런 성향이 인간관계에 부정적인 영향을 끼치고 있단 사실을 깨달았다면, 가장 먼저 기억해야 할 건 그게 당신 탓이 아니라는 점입니다. 이런 패턴은 당신이 의사 결정 방식을 배우기 한참 전에 이미 만들어졌고, 성장하면서 어린 시절에 받은 상처를 메울 만한 결정적이고도 중대한 경험들을 해보지 않은 이상, 당신으로선 그 익숙한 패턴을 계속 따를 수밖에 없었으니까요.

더 안정된 관계로 나아가기 위해 밟아야 할 단계는 다음과 같습니다.

- 욕구와 소망을 품는다는 것 자체를 편안하게 받아들인다.

- 소중한 사람들에게 본모습을 좀더 보여주는 연습을 해본다.
- 타인과 나의 차이를 받아들이는 방법을 배운다.
- 상대방이 나로 인해 상처받았다고 느낄 때 함께 관계를 회복하는 법을 배운다.

성하는 자신의 회피형 애착 성향을 성공적으로 다스릴 수 있게 된 내담자였습니다. 그는 철강 공장 용접공으로 일했습니다. 엄청난 체력을 요하며 부상과 사고가 드물지 않게 발생하는 직업이었죠. 매우 조심스럽게 다루어야 하는 장비를 사용하다가 중요한 절차 하나를 빠뜨린 성하는 응급실로 직행해야 할 정도로 심각한 부상을 입었습니다. 스물여덟 바늘을 꿰맨 뒤 가만히 생각하자니 동료들 중에 아무도 자기 안부를 묻지 않았다는 점에 감정이 상했습니다.

성하의 동료들은 무정한 사람들이 아니었습니다. 사실 성하네 팀은 서로 도우며 팀워크를 중시하는 분위기였죠. 그가 자기를 걱정하는 말을 듣지 못했던 주된 이유는, 걱정해봤자 받아들여지지 않을 게 뻔하다는 인상을 자기도 모르게 동료들에게 심어주었기 때문이었습니다. 그래서 동료들은 걱정되는 마음을 표현해봤자 소용없을 거라고 생각하게 되었죠. 작업장에서 크고 작은 부상이 발생해도 성하는 늘 "별일 아니다"라며 넘겨버렸으니까요.

한동안 상담을 받은 뒤 성하는 인간관계에서 자신의 구체적 욕구와 소망, 경계선을 파악하는 법을 배웠습니다. 그러면서 좀더 긴장을 풀고 사람들에게 속내를 털어놓으면 남들도 자신에게 마음을 연다는 사실을 깨닫게 됐죠. 한 발짝 더 나아가 가끔은 스스로 편안한 마음으로 뭔가를 요구할 줄도 알게 되었습니다.

자기 욕구와 취약한 부분, 소망을 공유하는 것은 회피형에게 쉬운 일이 아닙니다. 어색해서 어쩔 줄 몰라 하거나 부끄러운 일이라고 느낄 수도 있겠지요. 하지만 어떤 일이든 익숙하지 않으면 그렇게 느껴질 수밖에 없습니다. 자기자신과 관계 가치에 전념함으로써 어느 정도 자신감을 얻고 나면 긍정적 변화는 자연히 따라올 거예요.

안정감 유지하기

관계 안에서 지속되는 안정성은 내가 나 자신과 내게 소중한 사람들을 더 깊이 알기 위해 들이는 노력에서 나옵니다. 이런 노력은 굉장한 효과를 발휘할 때가 많습니다. 우선 나 스스로가 사람들과의 소통을 즐기기 시작하고, 상처받거나 외로울 때 그들에게 기댈 수 있게 되면서 그 효과를 실감하게 되죠.

더불어 자기가 어떤 상태인지 알려주는 감정과 생각을 이해하고 받아들이는 방법을 배우면서, 더 편안하게 내면을 탐색하고, 스스로 관계에서 원하는 이상을 기준 삼아 신중한 선택을 할 수 있게 됩니다. 여기에 필요한 것은 연습뿐이죠. 그러기 위해 힘들게 노력한 만큼, 당신이 새롭고 희망적인 관계를 경험하게 되기를 진심으로 믿고 응원합니다.

우리는 감정적 안전과 지지를 통해 지속적으로 안정감을 느낄 수 있습니다. 이제 당신은 그걸 손에 넣으려면 무엇이 필요한지를 누구보다 잘 아는 당신만의 전담 상담사입니다. 관계에서 나한테 맞는 것이 무언지 알아내려면 경험과 실험을 거쳐야 한다는 점을 기억하세요. 단 한 사람과의 깊고 친밀한 관계를 가치 있게 여기는 사람도 있습니다. 그런가 하면 지속적으로 안정감을 느끼기 위해선 세 명의 절친한 친구가 필요한 사람도 있을 겁니다. 우리 뇌는 소통을 원하게끔 만들어져 있지만, 그게 어떤 모습이어야 하는지는 공식적으로 정해진 바가 없죠. 어떤 방식이든 당신 자신에게 꼭 맞는 관계를 찾아내길 바랍니다.

미래를 그려보기

잠시 시간을 내서 긍정적이고 이상적인 관계를 일궈낸 나의 미래 모습을 떠올려보세요. 이런 이상은 관계 기술을 갈고닦다 보면 자연스럽게 점점 더 선명해집니다. 오늘부터 1년 뒤에 내가 진심으로 보고 싶은 관계 속 내 모습을 상상하고, 다음 질문에 답해보세요.

오늘부터 1년 뒤, 내가 가장 소중히 여기고 가장 많은 시간을 쏟을 관계는 어떤 모습인가요?

_____

_____

_____

_____

_____

_____

_____

관계에서 안정감을 느끼고, 능숙하게 대처하고, 협조할 줄 아는 능력에 자신감이 붙은 내 행동은 어떤 식으로 달라졌으리라고 보나요?

_____

_____

_____

_____

_____

_____

_____

_____

_____

_____

_____

내가 사랑하는 이들은 내 새로운 태도에 어떻게 반응하나요?

_____

_____

_____

_____

_____

_____

_____

_____

_____

_____

_____

앞으로 나아가는 길

관계 맺는 방식을 개선하기 위해 당신이 지금까지 들인 노력에 박수를 보냅니다! 더 나은 사람이 되기로 마음먹고 스스로의 행동과 태도를 검토하는 데는 용기가 필요합니다. 관계에서 성장을 해나갈 때는 조금 실수하거나 뒷걸음질 칠 수도 있다는 점을 늘 기억하세요. 그런 사소한 진통은 성장 경험에 풍성함을 더해줄 뿐이죠. 이 책의 자료, 당신이 기록한 내용, 가치에 기반을 둔 과제들은 그 과정에서 필요할 때 언제든지 들여다볼 수 있는 도구입니다.

저는 많은 사람이 관계 안정성을 향해 힘찬 발걸음을 내딛는 모습을 지켜봐왔습니다. 그 노력을 옆에서 바라볼 기회가 생길 때마다 한없이 겸허해지죠. 이렇게 힘든 길을 걷기로 한 당신에게 감사의 말을 전하며, 노력하는 당신은 혼자가 아니라는 걸 부디 잊지 마세요. 한 사람 한 사람이 자기 자신과 사랑하는 이들을 위해 더 나은 관계로 나아가고자 진심으로 노력한다면, 우리는 사람들이 서로를 이해하고 대하는 방식을 바꿈으로써 사회 전체를 변화시키는 커다란 움직임을 만들어낼 수 있습니다.

부록

나의 불안형 애착 패턴 되돌아보기

이제 불안형 애착 행동이 언제 나타나는지를 이해하는 데 도움이 될 문제에 답을 해볼 차례입니다. 불편했던 경험을 깊이 파고들게 되겠지만, 불안형 애착이 인간관계에서 어떻게 작용하는지를 스스로 이해하기 위한 과정이라고 생각합시다.

1. 다른 사람과 관계를 맺으며 기분이 나빴거나 불편함을 느꼈던 기억을 떠올려보세요. 무엇 때문에 그런 느낌이 들었나요?

    내가 기분 나빴거나 불편했던 사건:

    _____

    _____

    _____

    _____

2. 어떤 사건들은 개인적인 이유로 상처가 되기도 합니다. 위에 적은 사건을 자세히 들여다볼 때, 어떤 점이 가장 견디기 어려웠나요?

그 사건에서 내가 가장 견디기 어려웠던 점:

_____

_____

_____

　　지금까지 이런 일이 우리에게 영향을 미치는 이유에 초점을 맞춰 감정과 경험을 탐색해보았습니다. 수고하셨어요! 불편했던 경험을 이해하는 과정은 감정을 다스리는 법을 배우는 데 중요한 역할을 하는 단계입니다.

　　보너스 과제도 하나 있습니다. 반드시 해야 할 필요 없지만, 생애 전반에 걸친 감정의 패턴을 알아보는 데 매우 효과적인 방법이지요. 다음 도표에는 태어나서 20세까지의 타임라인이 표시되어 있습니다. 스무 살까지는 우리 삶에서 발달상으로 매우 중요한 시기입니다. 이 기간에 어려운 일을 겪을 때 그로 인해 생겨나는 생각과 감정을 다룰 수 있도록 도움을 받지 못하면, 그 경험은 우리가 나중에 삶을 살아가며 자기 자신과 타인을 바라보는 관점에 큰 영향을 미칩니다.

　　스무 살까지의 인생이 어땠는지 떠올려보세요. 불쾌한 감정이나 경험, 또는 그와 비슷한 무언가를 처음 느낀 건 언제였나요? 타임라인에 v 표시를 해보세요.

연령

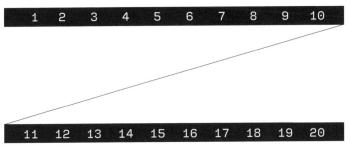

　　강력한 감정을 불러일으키는 사건은 대부분 인생 초년에 뿌리를 두고 있습니다. 이 타임라인 어딘가에 v 표시가 되어 있나요? 그게 지극히 정상적인 겁니다. 이제 다시 타임라인으로 돌아가서, 같은 감정을 느꼈던 다른 시점에도 기억나는 대로 v 표시를 해보세요. 생각나는 대로 표시하되, 할 수 있다면 세 개 이상 표시해보는 게 좋습니다. 가정, 학교, 직장, 모임 등 다양한 인간관계에서 경험한 일들을 떠올려보는 거예요.

　　그런 다음 펜이나 연필을 내려놓은 뒤 심호흡을 합니다. 이제 이런 감정과 경험이 내게 무엇을 남겼는지 살펴볼 차례입니다. 타임라인을 들여다보면서 다음 질문에 답해보세요.

1.　체크 표시의 전체적 분포는 어떤가요? 한 영역에 집중되어 있나요? 아니면 넓게 퍼져 있나요?

2. 표시를 보고 특별히 눈에 띄는 점이 있나요?

3. 이 감정을 더 많이 느끼게 되는 관계의 유형이 있나요?

4. 감정을 더 수월하게 처리할 수 있게 도와준 사람이나 대상
   이 있었나요?

불안형 애착 다독이기

이 과제는 불안형 애착과의 관계에서 갈등을 겪을 때 내가 어떤 식으로 대처하는지를 알아보는 데 도움이 됩니다. 주변 사람 중에 비교적 쉽게 화를 내고 자기 욕구를 비판적이거나 비관적인 방식으로 드러내는 인물을 떠올려보세요. 그 사람이 그런 식으로 행동할 때 당신은 보통 어떻게 반응하나요?

_____

_____

_____

_____

그러면 그 사람은 대체로 어떻게 맞대응하나요?

_____

_____

_____

_____

패턴을 알아냈으면 이제 불안형 애착에 어떻게 반응하는 것이 나에게 도움이 될지 생각해볼 차례입니다. 사랑하는 사람이 불안과 공황에 빠졌을 때 도움을 줄 몇 가지 방법을 아래 제시해두었습니다. 이미 시도해보았거나 시도 중인 항목에 체크 표시를 해봅시다.

☐ 안심시키기. "내가 옆에 있잖아." "난 아무 데도 안 가."

☐ 둘의 관계에 적합한 방식으로 거리를 좁히고 접촉하기. 로맨틱한 관계라면 애정을 담은 손길과 포옹을 활용합니다. 그런 관계가 아니라면 한 걸음 다가가서 눈을 맞추고 미소를 짓거나, 그래도 된다면 손을 잡아줄 수도 있습니다.

☐ 주도권 잡기. 명확하고 단순한 지침으로 상대방이 불안을 다잡을 수 있게 도와줍니다. 공황 상태에 빠진 사람은 문장이 짧아야 쉽게 받아들입니다. "잠깐만." "천천히." "좋은 점도 말해줘." "잠시 생각할 시간을 줘."

☐ 상대방의 기대치와 예측 조절하기. "몇 분만 있다가 둘 다 조금 차분해지면 다시 이야기하자." "그 얘기는 이거부터 끝낸 다음에 다시 해보자."

☐ 구체적 피드백 요청하기. "이번에 시도해본 대화 방식 어땠어?"

이 가운데 다음에 불안 행동을 맞닥뜨렸을 때 시도해보고 싶은 방법이 있다면 무엇인가요? 다음 빈칸에 적은 뒤 불안형 파트너와 나의 실제 관계에 맞춰 구체적으로 풀어 써보세요.

_____

_____

_____

_____

_____

감정의 자리

감정은 정신적 요소로도, 신체적 요소로도 나타날 수 있으며, 저항감은 둘 중 한쪽, 또는 양쪽에서 느껴질 수 있습니다. 감정과 연결된 특정한 신체 경험에 주의를 기울이면 그 감정을 온전히 받아들이는 데 도움이 됩니다. 일례로 분노는 매우 강력한 감정입니다. 다음 과제를 해보며 분노를 다스리는 데 어떤 효과가 있는지 살펴봅시다.

　　가장 최근에 가까운 사람에게 화가 났던 일을 떠올려봅시다. 그때의 감정이 어땠는지 조금이라도 느껴지나요? 몸의 어느 부분에서 그 감정이 느껴지나요?

_____

_____

_____

_____

_____

_____

그 감정의 크기·모양·온도·색깔·질감을 떠올려보세요.

_____

_____

_____

_____

_____

_____

그 감정은 언제 나타났나요?

_____

_____

_____

_____

_____

_____

펜이나 연필 또는 색연필을 써서 감정이 느껴지는 신체 부위에 형태를 그려보세요.

이제 숨을 깊이 들이쉽니다. 분노를 떠올리기만해도 몸에서 감정이 느껴진다니 참 놀라운 일이죠! 이런 감정이 몸 안에 있을 때도 있지만, 그렇지 않을 때도 있음을 받아들입니다. 그 느낌에 저항할 필요가 없다고 스스로에게 반복해서 일러주세요. 감정이 몸 안에 있을 때면 그 신체적 존재감을 받아들이고, 열린 마음을 유지하며 왜 그런 감정이 드는지를 알아내보려고 해보세요. 강렬한 감정을 이런 식으로 다스리는 법을 배워두면 불안이 건드려질 때 도움이 됩니다.

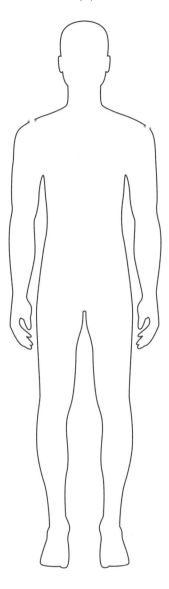

안전과 안정 욕구

동의는 첫 단계일 뿐입니다. 애착에 관련된 욕구에는 두 가지가 있습니다. 바로 안전과 안정이죠. 안전은 신체적 위협을 겪지 않는 데서 오는 안도감입니다. 안정은 지금도 앞으로도 소통과 자원을 얻을 수 있으리라는 데서 오는 확신이고요. 누군가에게서 안정감을 느낀다는 것은 그 사람이 내 곁에 있어주고, 앞으로도 그래줄 것이며, 나를 따스하고 애정 어린 눈으로 바라봐주리라고 느낀다는 뜻입니다. 상대와 함께할 때 느끼는 안전감과 안정감은 관계에서 신뢰를 쌓는 토대가 되죠.

어느 정도의 안전감과 안정감이 확보되기 전에는 함께하는 일(이를테면 공동 결정, 프로젝트 등)이 원활히 진행되기 어렵고, 건강한 대화도 잘 이루어지지 않습니다. 이번 과제는 스트레스가 심한 상호작용을 하는 동안에도 안전감과 안정감을 느끼려면 무엇이 필요한지 탐색하고 확인하는 데 도움이 됩니다. 파트너와 특정 상호작용을 하다 내 불안한 감정 때문에 대화가 어려워졌거나 비생산적으로 흘러가게 됐던 일을 머릿속에 떠올리며 시작해봅시다.

대화가 어려워졌을 때 느껴지는 위협감을 가라앉히기 위해 내가 직접 할 수 있는 일은 무엇일까요? (스트레스를 느끼는 몸을 차분히 진정시킬 만한 방법 위주로 생각해보세요.)

1. _____

2. _____

3. _____

위협을 느끼는 나를 진정시키기 위해 파트너가 해줄 수 있는 일에는 무엇이 있을까요? (이번에도 몸에 초점을 맞춥니다.)

1. _____

2. _____

3. _____

의사소통이 어려워져 불안정한 느낌이 올라올 때 이를 가라앉히고 여전히 연결되어 있다고 느끼며 안심하기 위해 내가 직접 할 수 있는 일은 무엇일까요?

1. _____

2. _____

3. _____

파트너가 여전히 연결되어 있음을 나에게 알려주기 위해 해줄 수 있는 말이나 행동에는 어떤 것이 있을까요?

1. _____

2. _____

3. _____

이제 잠깐 시간을 내서 파트너나 사랑하는 사람과 마주 앉은 뒤 당신이 안전과 안정에 관해 배운 내용을 공유하고 작성한 목록을 함께 살펴볼 차례입니다. 다음 문장을 활용하면 유용한 논의를 해볼 수 있을 거예요.

- "당신이 나에 대해 아는 사실을 고려할 때, 이 목록에 있는 항목들이 내가 진정하는 데 얼마나 도움이 될 것 같아?"
- "이 목록에 추가하고 싶은 게 있어?"
- "내 불안이 건드려졌다는 걸 눈치챘을 때, 여기 적힌 것들을 해볼 수 있게 도와줄 의향이 있어?"

불안형 애착인 사람도 효과적이고 건강한 대화를 나눌 수 있으며, 이런 의사소통 기술을 익히면 친밀한 관계에서 신뢰와 안정감을 쌓는 데 도움이 됩니다.

감사 일기

감사 표현은 관계 자본을 쌓는 매우 훌륭한 방법입니다. 파트너와 함께 서로의 삶을 각자 어떤 식으로 더 나아지게 했는지 인정해주는 시간을 가져보세요. 기분이 좋아질 거예요.

내가 파트너에게 감사하게 여기는 것 세 가지를 적어보세요.

1. _____

2. _____

3. _____

나 자신에게 감사하게 여기는 것 세 가지를 적어보세요.

1. _____

2. _____

3. _____

정기적으로 서로 감사하는 시간을 가지면 호감이 쌓이고, 이렇게 쌓인 호감은 어려운 시간을 넘기는 데 도움이 되는 관계의 자본이 됩니다. 감사하고, 이해하고, 받아들이는 데 집중하고, 건강한 의사소통 방식을 배움으로써 불안형 애착인 사람도 양쪽 모두 인건감과 안정감을 느끼는 탄탄하고 건강한 관계를 맺어갈 수 있습니다.

회피 반응 목록

다음은 회피형이 관계에서 스트레스의 원인이 된다고 주로 호소하는 감정과 상황을 나열한 목록입니다. 하나씩 살펴보면서 내가 스트레스를 느낄 법한 항목을 골라보세요. 피하든, 물러나든, 딴생각을 하든, 멍해지든, 어떤 식으로든 주변 사람들과 덜 연결되었다고 느낄 만한 행동을 하게 되는 항목에 모두 동그라미를 쳐보세요. 목록에 없는 다른 항목이 떠오른다면 빈칸에 적어보아도 좋습니다.

나는 이런 기분을 느낄 때 스트레스를 받는다.

짜증날 때	실망스러울 때	판단당할 때
두려울 때	혐오스러울 때	외로울 때
부끄러울 때	묵살당할 때	갈망 / 욕망할 때
배신감이 들 때	시기심이 들 때	한계에 몰릴 때
비난받을 때	죄책감이 들 때	후회스러울 때
부담스러울 때	무력감을 느낄 때	거부당할 때
힐난받을 때	굴욕감을 느낄 때	억울할 때
혼란스러울 때	상처받았을 때	슬플 때
업신여겨질 때	무시당할 때	나 자신을 의심하게
비판받을 때	부족하다고 느낄 때	될 때
굴복당할 때	분통이 터질 때	스트레스가 쌓일 때
위신이 깎일 때	위축될 때	인정받지 못할 때
압도당할 때	용납이 안 될 때	불편할 때
폄하당할 때	질투가 날 때	걱정될 때

_____   _____   _____

_____   _____   _____

나는 이런 것을 원하거나 필요로 할 때 스트레스를 받는다

지지	애정 / 온정	감사함
안전감	안정성	일관성
인정	누군가 나를 봐주고	공평함 / 상호성
평온함 / 조화	내 이야기를 들어줌	진지하게 받아들여짐
체계 / 질서	기분 좋은 연결감	의무에서 벗어남
_____	안정감	
_____	_____	_____

나는 관계에서 이런 것이 요구될 때 스트레스를 받는다

내 속내를 털어놓아야 할 때	갈등을 관리해야 할 때	마음의 상처를 회복해야 할 때
내가 감정적 지지를 해주어야 할 때	약속하고 동의한 것을 명확히 할 때	내가 파트너를 이해해야 할 때
공동으로 의사를 결정해야 할 때	긍정적 습관을 들일 때	다른 관계를 관리할 때
동의한 사안에 대해 책임져야 할 때	경계선을 정해야 할 때	평가나 피드백을 주고받을 때
_____	_____	_____

나는 이런 것이 두려울 때 스트레스를 받는다

자주성을 잃어버릴까 봐	자유시간이 줄어들까 봐	내 정체성을 잃어버릴까 봐
내 자리를 빼앗길까 봐	방치당할까 봐	따돌림당할까 봐
_____	_____	_____

잘하셨습니다! 이제 어떤 종류의 사건이 내 회피형 애착을 활성화하는지 알게 되었습니다. 선택한 항목을 죽 훑어보면서 내가 물러나게 되는 요인 중 가장 스트레스가 되는 항목 세 가지를 골라봅시다. 다음 과제에서는 이 세 가지 구체적 자극 원인, 즉 트리거를 중점적으로 다뤄보겠습니다.

예: 관계에서 갈등 관리가 요구될 때 스트레스를 받는다.

1. _____

2. _____

3. _____

회피의 장단점

이제 앞의 과제에서 찾아낸, 내가 물러서거나 피하게 되는 트리거 세 가지를 자세히 살펴볼 차례입니다. 1~3번 옆에 세 가지 트리거를 하나씩 적어봅시다. 그런 다음 아래 보기에서 내가 보이는 반응에 체크 표시를 해보세요. 마지막으로 이런 행동이 관계에 어떤 식으로 긍정적인 영향이나 부정적인 영향을 미치는지 생각해봅니다.

1. _____

    이런 일이 일어날 때 나는……

☐   뒤로 물러난다.

☐   무시한다.

☐   다른 일에 집중하거나 주의를 딴 데로 돌린다.

☐   멍해지거나 자리를 떠버린다.

☐   내 의견이나 상대방의 의견을 묵살한다.

☐   내 경험이나 상대방의 경험을 부정한다.

☐   정당화하거나 합리화한다.

☐   관계없는 것에 관해 설명한다.

☐   결론 없이 일단 상황을 무마한다.

☐   기타: _____

이렇게 행동해서 얻는 것은 무엇인가요?

_____

_____

이렇게 행동해서 놓치는 것은 무엇인가요?

_____

_____

이 트리거에 더 생산적으로 반응하려면 어떻게 해야 할까요?

_____

_____

2. _____

이런 일이 일어날 때 나는……

☐   뒤로 물러난다.

☐   무시한다.

☐   다른 일에 집중하거나 주의를 딴 데로 돌린다.

☐   멍해지거나 자리를 떠버린다.

☐ 내 의견이나 상대방의 의견을 묵살한다.

☐ 내 경험이나 상대방의 경험을 부정한다.

☐ 정당화하거나 합리화한다.

☐ 관계없는 것에 관해 설명한다.

☐ 결론 없이 일단 상황을 무마한다.

☐ 기타: _____

이렇게 행동해서 얻는 것은 무엇인가요?

_____

_____

이렇게 행동해서 놓치는 것은 무엇인가요?

_____

_____

이 트리거에 더 생산적으로 반응하려면 어떻게 해야 할까요?

_____

_____

3. _____

이런 일이 일어날 때 나는……

☐ 뒤로 물러난다.

☐ 무시한다.

☐ 다른 일에 집중하거나 주의를 딴 데로 돌린다.

☐ 멍해지거나 자리를 떠버린다.

☐ 내 의견이나 상대방의 의견을 묵살한다.

☐ 내 경험이나 상대방의 경험을 부정한다.

☐ 정당화하거나 합리화한다.

☐ 관계없는 것에 관해 설명한다.

☐ 결론 없이 일단 상황을 무마한다.

☐ 기타: _____

이렇게 행동해서 얻는 것은 무엇인가요?

_____

_____

이렇게 행동해서 놓치는 것은 무엇인가요?

_____

_____

이 트리거에 더 생산적으로 반응하려면 어떻게 해야 할까요?

_____

_____

이런 행동은 모두 학습된 것임을 기억하세요. 당신 잘못은 절대 아니지만, 그렇다 해도 결과는 오롯이 당신의 몫입니다. 이런 반응이 가져다주는 결과에 만족한다면 계속 그렇게 해도 괜찮습니다! 하지만 더 이상 결과를 감당하기 어렵다면 그런 결과를 부르는 행동에 변화를 주는 것도 당신에게 달린 일이죠.

회피 행동이 미치는 영향

특정 인물에게 지지나 도움을 받고 싶었지만 그 사람이 곁에 있어주지 않았거나, 있기는 했어도 진심이 느껴지지 않았던 때를 떠올려보세요.

어떤 일이 있었나요?

_____

_____

_____

_____

그때 어떤 감정을 느꼈나요?

_____

_____

_____

_____

어떤 생각을 했나요?

_____

_____

_____

_____

그 일을 겪을 때 내 몸은 어떻게 반응했나요?

_____

_____

_____

_____

공감을 실행에 옮기기

이번 과제는 실망스럽거나 기운 빠지는 회피 행동을 맞닥뜨렸을 때 도움이 됩니다. 살면서 내가 필요로 할 때 중요한 사람이 곁에 있어주지 않았거나 제대로 신경을 써주지 못했던 기억을 떠올려보세요. 되도록 현재 진행 중인 사건이 아닌 걸 고릅시다.

중요한 사람이 나를 홀로 내버려두었다고 느낀 사건은……

_____

_____

_____

그렇게 행동하는 대신 그 사람에게 내가 바란 건……

_____

_____

_____

그 상황에서 그 사람도 스트레스를 느꼈을 만한 개인적 사
정이 있다면······

_____

_____

_____

그 사람이 스트레스를 받았으리라고 생각하는 근거는······

_____

_____

_____

그 사람은 자기가 _____ 하다고 여겼거나 내가 자기
를 그런 눈으로 본다고 믿었다. 하지만 실제로 그 사람은
여전히 _____ 하는 법을 배우는 중이며, 나도 그가
항상 잘해낼 수는 없음을 이해한다. 너무 압박을 느끼면
그 사람은 _____ 할 수도 있다. 그래서 반사적으로
반응하며 자기가 나한테 얼마나 필요한 존재인지를 잊어
버리기도 한다.

　　여러 사건을 떠올리며 이 과제를 반복해서 연습하는 것도
좋습니다. 연습하다 보면 실시간으로 일어나는 비슷한 사건에
대처하는 요령이 생기고, 회피형 파트너를 더 깊이 이해하고
그의 처지에 공감할 수 있게 됩니다.

욕구와 소망 탐색하기

이제 관계에서 완전히 채워지지 않는 느낌을 탐색해볼 차례입니다. 확 떠오르는 문제가 없다면 사소한 것이라도 괜찮습니다. 관건은 그 관계에서 내가 무슨 생각을 하고 무엇을 바라는지 탐색해보는 것입니다.

이 관계에서 내가 만족하지 못하는 점은……

_____

_____

_____

_____

_____

_____

내가 행복해지기 위해 바라는 변화는……

_____

_____

_____

_____

_____

_____

내가 원하는 대로 바뀐다면 내 감성은……

_____

_____

_____

_____

_____

_____

이 문제에 관해 내 주장을 펴지 않는다면, 장기적으로 관계에 어떤 영향이 있을까?

_____

_____

_____

_____

_____

배점 기준 이 문제에서 내 주장을 관철하기 위해 나는 얼마나 노력할 수 있을까? (동그라미 쳐보기)

1 — 2 — 3 — 4 — 5 — 6 — 7 — 8 — 9 — 10
거의 안 함   전력을 다함

안정형 사고방식 vs. 불안정 사고방식

이번 과제에서는 과거에 당신이 특정 관계에서 내렸던 결정 하나를 골라서 안정형 애착과 불안정 애착에 근거해 그런 결정을 내린 이유를 탐색해볼 겁니다.

　당신이 관계를 유지하기 위해 과거에 내렸던 결정을 하나 골라서 직접 오른쪽 표에 적어보세요. 그러고 나서 그 결정에 관련된 생각과 감정을 안정과 불안정 중 해당되는 칸에 적어 넣습니다. 다음에는 그 옆에 더 바람직한 생각과 감정은 무엇일지 채워넣어보세요. 실제로 했던 생각이 아니어도 괜찮습니다. 어떤 생각과 감정이 안정형 애착에서 나오는지 불안정 애착에서 나오는지 구분하는 연습을 하자는 것이니까요.

결정	
내가 결정 내린 내용:	
불안정 사고방식:	**안정형 사고방식:**

생각해볼 질문:

1. 내가 관계에서 안정형 사고방식을 활용하는 데 도움이 될 만한 조건이 있다면 무엇일까요?

2. 불안정 사고방식을 활성화하는 조건은 무엇일까요?

갈등 상황에서 안정적 상호작용 상상하기

갈등이 거세게 휘몰아치면 우리는 거기에 온통 정신이 팔려서 상대방이 구원의 손길을 내밀어주고 있음을 눈치채지 못할 때가 많습니다. 이런 순간을 놓치면 싸움은 길어지고 스트레스는 더 심해지기 마련이죠.

　관계에서 어려운 갈등 상황에 휘말렸고, 일이 잘 안 풀리는 가운데 상처받았거나 두려움을 느낀 상대방이 과도한 반응을 보였던 때를 떠올려보세요. 이때 나는 어땠는지, 거기 반응해서 어떤 감정과 생각, 신체적 감각을 경험했는지 기억을 더듬어보세요.

　상대방의 어떤 말이나 행동이 그런 반응을 불러일으켰나요?

_____

_____

_____

_____

_____

이제 상대방이 두려움이나 고통에 휘둘리는 대신 차분하게 생각하고 느낄 수 있었으며, 진정으로 내 관점을 이해하려는 노력을 기울였다고 가정해봅시다. 그가 가장 너그럽고 공감 넘치는 자기 모습을 끄집어냈다고 상상해보는 거죠. 그 사람이 차분하게 말을 걸며 따뜻한 눈빛으로 나를 바라봅니다. 이제 어떤 기분이 드나요?

아마도 기분이 한결 나아졌을 겁니다. 소중한 사람이 나를 배려해준다는 걸 느낄 수 있었으니까요. 그렇다면 그 좋은 기분을 깊숙이 받아들여봅시다. 이번에는 다른 반응을 이끌어내려면 어떻게 감사를 표해야 할지 상상해봅시다. 어떻게 하면 고마운 마음을 표현히고 상대방이 보여준 언행을 계속하도록 독려할 수 있을까요?

대인관계에서의 강점

나와 파트너의 강점은 무엇일까요? 안정형 애착인 사람과 상호작용할 때는 내가 관계에서 보이는 강점을 떠올려보면 도움이 됩니다. 두 사람이 각자 어떤 식으로 관계에 이바지하고 있으며, 나는 어떤 좋은 점을 상대와 공유하는지 생각해보세요. 현재 연애 중이 아니라면 부모나 형제자매, 친구 등 내가 중요하게 생각하는 관계를 염두에 두고 진행하면 됩니다.

특정 관계를 하나 골랐으면 이제 '나'라고 적힌 칸을 죽 훑어 내려가며 내가 관계에서 보이는 강점이라고 생각하는 항목에 전부 체크 표시를 해보세요. 그런 다음 '내 관계 파트너' 칸으로 넘어가서 상대의 강점에도 똑같이 표시해보세요.

두 사람이 관계에 보탬이 되는 방식은 서로 비슷할 수도, 완전히 다를 수도 있습니다. 만약 다르다면 파트너가 그만의 기술과 역량을 공유하는 방식 몇 가지가 때로 낯설게 느껴지기도 하는지 생각해보세요. 실제로 그렇다면 낯선 것들을 조금씩 받아들이고 새로운 느낌에 마음을 열려고 노력해보세요.

나	내 관계 파트너	강점
		솔직함
		공정함
		기꺼이 노력하고 힘든 일을 하려는 자세
		공감
		마음을 여는 태도
		신뢰성
		상대에게 영감을 줌
		헌신
		협조성
		잘못 인정하기
		지지해주기
		힘든 시기를 버티는 참을성
		든든함
		일관성
		상대에게 긍정적인 방식으로 자극을 주는 능력
		장난스러움
		유머
		감사와 칭찬을 아끼지 않음
		기꺼이 희생하려는 태도
		기타:
		기타:

더 읽을거리

애착이론 관련 도서

We Do: Saying Yes to a Relationship of Depth, True Connection, and Enduring Love, by Stan Tatkin

Attached: The New Science of Adult Attachment and How It Can Help You Find—and Keep—Love, by Amir Levine and Rachel S. F. Heller

Conscious Lesbian Dating and Love: A Roadmap to Finding the Right Partner and Creating the Relationship of Your Dreams, by Ruth L. Schwartz and Michelle Murrain

How to Be an Adult in Relationships: The Five Keys to Mindful Loving, by David Richo

The New Rules of Marriage: What You Need to Know to Make Love Work, by Terrence Real

The Power of Attachment: How to Creat Deep and Lasting Intimate Relationships, by Diane Poole Heller

워크북

The Self-Compassion Skills Workbook: A 14-Day Plan to Transform Your Relationship with Yourself, by Tim Desmond

치유 센터

Hoffman Process, www.hoffmaninstitute.org

Wired for Love & Wired for Relationship Retreats, www.thepactinstitute.com

참고문헌

Bowlby, John. *A Secure Base: Parent-Child Attachment and Healthy Human Development*. New York: Basic Books, 1988.

Fosha, Diana, Daniel J. Siegel, and Marion F. Solomon, eds. *The Healing Power of Emotion: Affective Neuroscience, Development, and Clinical Practice*. New York: Norton, 2009.

Gottman, John M. *The Marriage Clinic: A Scientifically Based Marital Therapy*. New York: Norton, 1999.

King, Larry. "Donald and Melania Trump as Newlyweds." Interview, *Larry King Live*, CNN, May 17, 2005. Video, 16:02. https://www.youtube.com/watch?v=q4XfyYFa9yo.

Nummenmaa, Lauri, Enrico Glerean, Riitta Hari, and Jari K. Hietanen. "Bodily Maps of Emotions," *Proceedings of the National Academy of Sciences of the United States of America* 111, no. 2 (January 2014): 646-651. https://doi.org/10.1073/pnas.1321664111.

Porges, Stephen. "The Neurophysiology of Trauma, Attachment, Self-Regulation and Emotions: Clinical Applications of the Polyvagal Theory." Online seminar, April 8, 2016. https://www.pesi.com/에서 조회 가능.

Schore, Judith R., and Allan N. Schore. "Modern Attachment Theory: The Central Role of Affect Regulation in Development and Treatment," *Clinical Social Work Journal* 36, no. 1 (March 2008): 9-20. https://doi:10.1007/s10615-007-0111-7.

Sroufe, Alan, and Daniel Siegel. "The Verdict Is In: The Case for Attachment Theory," *Psychotherapy Networker* 35, no. 2 (March 2011): 35-39.

Tatkin, Stan. *PACT Training Manual: Module One*. Agoura Hills, CA: PACT Institute, 2016.

감사의 말

멘토이자 스승으로, 관계를 맺으며 살아가는 인간에게 안전과 안정이 얼마나 중요한지를 가르쳐준 스탠 태트킨 선생님께 무한한 감사를 표합니다. 그분의 강력하고 탁월한 작업은 지금까지도 여전히 제게 영감을 주며, 더 나은 심리치료사이자 저술가, 관계 파트너가 되도록 저를 독려해줍니다.

　응원을 보내준 가족에게도 고마움을 전하고 싶습니다. 함께 발전해가며 저를 지지해주고, 가족은 뭉쳐야 한다는 말을 몸소 보여주신 어머니 웨창천 여사와 오빠 애디슨 천이 있었기에 지금의 저도 있을 수 있었습니다.

　애착 테스트를 개발하는 데 시간을 할애해준 모든 분께도 감사드립니다. 이분들의 신선한 시선이야말로 이 책을 마감하느라 전전긍긍하던 제게 딱 필요한 것이었죠. 애착 테스트는 물론 이 책 자체도 이분들이 없었다면 지금과는 달랐을 겁니다. 다이애나 우, 훌리오 히우스, 타마라 첼럼, 알렉산더 애리스, 에번 슐로스, 버네사 디아스, 모나 킴에게 깊은 감사를 전합니다.

마지막으로 이 책을 더 많은 사람과 공유할 수 있게 도움을 준 편집자들에게 공을 돌리고 싶습니다. 캐밀 헤이스는 첫 책을 집필할 기회를 주었을 뿐 아니라, 제 능력을 최대치로 끌어올려주었습니다. 개념을 더 명확히 제시하고 이 책을 균형 잡힌 모습으로 다듬어준 건 로리 핸들먼의 솜씨입니다. 두 사람의 격려 덕분에 이 책의 가치를 믿고 앞으로 나아갈 수 있었습니다.

❤ 최다인 ❤

연세대학교 영문학과를 졸업하고 7년간 UI 디자이너로 일하다 현재는 전문 번역가로 활동 중이다. 옮긴 책으로 「사랑은 어떻게 예술이 되는가」 「필로소피 랩」 「여자(아이)의 심리학」 「부모의 말, 아이의 뇌」 「지식의 탄생」(공역) 등이 있다.

애착 워크북
안정적이고 지속적인 관계의 열쇠

초판인쇄   2023년 10월 4일
초판발행   2023년 10월 23일

지은이   애니 천
옮긴이   최다인
펴낸이   강성민
편집장   이은혜
책임편집   박은아
마케팅   정민호 박치우 한민아 이민경 박진희 정경주 정유선 김수인
브랜딩   함유지 함근아 박민재 김희숙 고보미 정승민 배진성
제작   강신은 김동욱 이순호

펴낸곳   (주)글항아리
출판등록   2009년 1월 19일 제406-2009-000002호
주소   10881 경기도 파주시 심학산로 10 3층
전자우편   bookpot@hanmail.net
전화번호   031-955-8869(마케팅) 031-941-5160(편집부)
팩스   031-941-5163

ISBN   979-11-6909-167-1 13180

"연인 관계뿐 아니라 모든 종류의 중요한 관계를 위해 필요한 책. 관계를 개선할 수 있는 통찰력과 이를 실행에 옮길 수 있도록 도와주는 실전 연습을 제공한다."

—샬리니 다얄, 가족 심리치료사

"우리 자신과 우리 삶에서 중요한 사람들의 애착 유형을 인식하고 더 안정적인 관계로 나아갈 수 있는 길로 우리를 따뜻하게 맞아주는 책. 다정하되 명확한 방식으로 긍정적인 변화를 위한 유용한 정보를 제공하고, 관련 사례와 수많은 연습 과제를 제시한다."

—데이비드 엘리엇, 심리학박사 · 『성인기 애착장애*Attachment Disturbances in Adults*』 공저자

"자신의 애착 유형과 그것이 관계에 미치는 영향에 대해 알고 싶은 사람들을 위한 최고의 자료. 알기 쉽게 쓰였고, 실제로 도움이 되며, 과제를 해보는 것도 재미있다. 누구에게나 추천하고 싶다."

—팀 데스먼드, 『당신이 명상을 하면 좀겠어요*How to Stay Human in a F*cked Up World*』 저자

친밀한 관계가 어려운 사람들, 서로 이해하며 편안하게 오래가는 관계를 맺고 싶은 사람들을 위한 '애착'의 모든 것!

❤ 애착 행동 패턴에 대한 상세한 설명

❤ 불안형·회피형·안정형 애착의 경험과 치유

❤ 애착이론에 대한 설명과 다양한 상담 사례

❤ 애착 유형 테스트와 유형별 핵심 과제 수록

"『애착 워크북』은 애착이론이 삶에 어떻게 적용될 수 있는지
더 자세히 알고 싶은 사람들에게 도움을 준다. […]
각자가 선호하는 관계 방식에 대한 더 나은 감각을 제공할 뿐 아니라,
그를 위해 우리 자신을 어떻게 개선할 수 있는지도 알려준다."
―스탠 태트킨, 심리학 박사·『위 두We Do』 저자

"애착이론을 삶에 적용하기 위해 알아야 할 모든 것을 자세히 설명해
준다. 나이와 상관없이 모두에게 유용한 연습 과제까지 실려 있다!
내가 맺는 관계는 왜 이럴까 고민하는 모든 사람에게 강력 추천한다."
―셰릴 코언 그린, 『친밀한 생활An Intimate Life』 저자

"관계 때문에 혼란스럽거나 애착 관계에서 입은 상처를
치유하고 싶다면, 이 책의 저자인 애니 천이 그 복잡한 지형을
가장 안전하고 현명한 방식으로 통과할 수 있게끔 안내해줄 것이다."
―앨린 라피에어, 신경정동적 자극 연구소 소장

ISBN 979·11·6909·167·1 13180

값 20,000원